浪花朵朵

THE GENTLE
PARENTING BOOK

温和养育

陪孩子轻松走过0～7岁

［英］萨拉·奥克威尔 - 史密斯◎著

冯林◎译

天津出版传媒集团

天津人民出版社

为《温和养育：陪孩子轻松走过 0~7 岁》点赞

这是一本多么可爱的书啊！萨拉·奥克威尔–史密斯用"温和养育"的理念，阐述了自己对"父母如何在满足孩子需求的同时保持内心平衡"这一问题的深刻见解。

我喜欢萨拉将这一概念分解为清晰的准则，而不是大声疾呼某一种正确的养育方式，以及她应对从主流养育转向更温和的养育这一挑战的方式。外面的世界可能是严酷的，但是在家里不必如此。

——《游戏力》作者，劳伦斯·科恩博士（Lawrence J. Cohen, PhD）

这本书中有很多关于如何温和地养育孩子的有用建议。萨拉·奥克威尔–史密斯在总结自己和借鉴别人经验的基础上，以她标志性的简洁方式为家长们养育孩子提供了建议和指导，鼓励并帮助他们成长和学习。虽然这本书的目标读者是 0~7 岁孩子的父母，但萨拉所提到的许多内容也适用于有较大孩子的父母及一般的亲子关系。特别是，我发现她的建议，即我们在回应别人之前应该先思考——我们要说的话是否是真实的、有益的、鼓舞人心的、必要的和友善的——无论在育儿领域还是在其他领域都很有意义。

——《辅食添加，让宝宝做主》《宝宝主导育儿法》作者，

吉尔·拉普利博士（Gill Rapley, PhD）

目 录

什么是温和养育

永远不要怀疑，一小群有思想、用心执着的人可以改变世界。事实也一直如此。

——玛格丽特·米德（Margaret Mead），人类学家

进入 21 世纪以来，各种新型的养育方式层出不穷，有虎式育儿法、法式育儿法、直升机式育儿法、自由放养式育儿法……在这种情况下，你可能会问，还有另外一种养育方式存在的空间吗?

答案是肯定的，确实存在着这样一种养育方式，那就是温和养育。温和的养育方式既不是一种趋势，也不是根据某个人的观点给一种精确的做事方式贴的标签。可以说，温和养育是这样一种育儿方式：它既关注当前的科学和儿童心理学，同时也尊重文化和历史上的育儿实践；它是一种全面的哲学，既考虑到为人父母的情感，也考虑到他们的实际情况。简而言之，温和养育是一种生活方式，包括你的身体和心理行为，不仅对你的孩子，也对你自己——因为养育应该是孩子和父母之间的一场舞蹈。通过实践，这种舞蹈可以带来非常美好的体验，也会促进孩子和父母各自的成长。

温和养育的父母们来自各行各业。他们会做出各种各样的选择：有些人决定在家自然分娩，有些人选择剖宫产；有些人用吊兜背着婴儿，有些人将他们放在婴儿车里；有些人用母乳喂养，有些人用配方奶喂养；有些人待在家里，有些人出去工作；有些人让孩子在家里接受教育，有些人则遵从主流的教育路线，将孩子送入学校学习。他们都有一个共同点：其选择都是经过深思熟虑的，源自对孩子和自己的尊重和理解。这就是恰到好处的温和养育。

长期以来，在养育子女的问题上一直争论不断。一些养育方法提倡将所有的控制权都交给父母，因为担心孩子长大后会变成难以管教的怪物；另一些养育方法则给了孩子太多的控制权，父母不敢在必要的时候进行管教，因为担心会惹恼他们脆弱的孩子。温和养育就是为了找到一个平衡点——既能给孩子足够的控制权，又能在必要的时候给出适当的界限和限制。这种方式不仅关注父母教育行为的长期影响，同时也关注孩子的安全和社会的期望。

说到社会期望，温和养育的父母明白，社会上对于儿童行为的许多期望，无论对处于哪个年龄段的孩子来说都是不切实际的。当今的许多育儿方式不仅与孩子当下的需求不一致，而且也可能阻碍孩子未来的发展。温和养育的父母不怕面对任何质疑的声音，也不怕为他们的孩子辩护，即使这些孩子的行为不符合主流教育所倡导的标准。温和养育的父母与他们的孩子有着密切的联系，他们给予孩子安全、尊重和重视。反过来，这种养育环境也有助于孩子成为敢于思考、从容自信的成年人。

如果每个人都接受了温和养育的理念，这个世界会发生改变吗？我想这是有可能的。

温和养育的父母并非十全十美

温和的养育方式并不是要做到完美。所有的父母都会犯错，关键是要善于学习和总结：知道当时发生了什么、为什么会发生这样的事，以及下次我们怎样才能做得更好。从这个角度来看，父母犯错不仅是可以理解的，而且是至关重要的。因为只有当我们没有完全做到最好时，我们才能在将来学会做得更好。因此，温和养育就是接受我们的不完美，原谅我们的错误，并努力成长为合格的父母。我们跟孩子一样，都处于学习的过程当中。我们都会有不顺心的时候——那些大喊大叫或让自己感到羞愧的日子。但是，温和的养育方式是真实的，它能够识别何时我们感到有压力，何时我们需要一些"自我时间"，从而成为更好的父母。事实上，这一点非常重要，我专门用了一整章的篇幅来进行阐述（见第十章）。

温和养育只需要爱、奉献和坚持。它并非只适用于那些天生冷静或受过高等教育的父母，也不是只适用于家庭主妇或者家里只有一个孩子的父母。金钱、资历和脾气都与温和养育无关，不管你自己是如何被养育的，也不管你是否用不同的方法开启了自己的养育之旅，都没有关系。第八章专门讲述了那些以前也许采用了其他不那么温和的养育方法，现在正在寻找另一种方法的父母。后面还专门介绍了如何应对别人对你的养育方式的质疑，以及对这种养育方式结果的期待——什么时候可以开始看到结果，以及如果温和的养育方式似乎不起作用应该怎么办。

为什么要进行温和养育？

当今世界，人们对物质的追求超过了对人本身的重视。人们所做的一切似乎都是为了获得物质上的满足并渴望追求更多。我们花费了太多的时间在回忆过去和畅想未来上，以至于我们忘记了活在当下，错过了真正重要的事情。我们现在的社会重视一致性，缺乏对个性的尊重，是自我的、暴力的、缺乏远见的。这就是我们正在为孩子们创造的世界。但我们真的想要让他们接受这样的世界吗？

那么，什么是更重要的？幸福，还是适应？我们能培养出尊重自己想法和身体的孩子，而不是将孩子当成我们自己炫耀的工具吗？我们能否培养出关心环境的一代人，而不是将一切都视为快速、简单和一次性的？具有讽刺意味的是，在我们努力培养孩子以适应社会的过程中，往往忽略了对他们来说真正重要的东西。如果我们不对人们普遍持有的信念提出质疑，也不鼓励我们的孩子去这么做，我们的世界又怎么会发生改变呢？

无论何时，你对孩子的温和养育比你对他们所做的其他任何事情都要重要。温和地抚养孩子会为我们所有人创造一个更美好的未来。

温和养育是为了创造一个这样的未来：幸福不再取决于你住的房子、开的汽车或衣服上的牌子；暴力行为将大大减少，不同的观点和信仰都能得到尊重和重视。在这个未来里，孩子在被管教时不会受到身体上的伤害，更不会感到痛苦、被排斥或是产生羞耻感，父母也不会在管教孩子时产生负疚感。

20 世纪主流的育儿方式

为了理解我们自己的成长经历及当今社会的普遍观点，我认为了解过去一个世纪中主流育儿方式的发展历程非常重要。

20 世纪初，育儿的特点是高要求、低回应和父母的高度控制——这种风格可以概括为专制型育儿方式。1913 年，创建新西兰"普朗凯特协会"（为婴儿和儿童提供一系列健康服务）的医生弗雷德里克·特鲁比·金（Frederick Truby King）出版了他的育儿书籍《婴儿的喂养和护理》（*Feeding and Care of Baby*）。特鲁比·金因极大地改善了新西兰儿童的营养状况而备受赞誉，不过他的权威管教和超然精神或许更为人们所熟知。他主张制订一个严格的时间表，白天每隔 4 个小时给婴儿喂食一次，晚上完全不喂。他认为，婴儿从出生起就应该睡在自己的房间里，白天应该让他们在外面的婴儿车里小睡，婴儿每天被抱起来的时间应该控制在 10 分钟内。他相信这样能让宝宝把所有的精力都放在生长发育上，而不会因为与父母的联系过于密切而受到阻碍。特鲁比·金还认为，男孩应该"坚强"，在上学时就要为参军做好准备，而女孩应该接受培训，以便将来成为母亲和家庭主妇。

1928 年，美国心理学家约翰·B. 沃森（John B. Watson）出版了《婴幼儿心理护理》（*Psychological Care of Infant and Child*）一书。他认为，从某种意义上说，孩子是被后天培养出来的，而不是天生的。他相信通过接触和抚摸婴儿的皮肤，能够让他们感受到爱。因此，他特别告诫母亲们不要"过度溺爱"自己的孩子。他认为，如果孩子对母亲的依恋太深，他们长大后将永远需要"溺爱"，很难与人建立关系。沃森总结道："永远不要拥抱和亲吻孩子，永远不要让孩子坐在你的腿上。如果一定要这样做，那就在说晚安的时候亲吻一下他们的额头。早上可以和他们握手。当孩子非常出色地完成了一项艰巨的任务时，可以拍拍他们的头。"沃森还强调了制订正式严格的日常生活表的重要性，具体包括孩子的饮食、如厕、睡眠和游戏时间等各个方面。尽管沃森以其苛刻且可能具有潜在破坏性的建议而闻名，但是他的建议也有可取之处。他倡导让孩子在一个平静、非暴力的环境中成长，并鼓励父母培养孩子的独立性，让他们能够合理地安排时间，在家庭里有参与感，以减少发脾气的概率。

1946 年，美国儿科医生本杰明·斯波克（Benjamin Spock）博士出版了《婴幼儿养育常识》（*The Common Sense Book of Baby and Childcare*）一书。斯波克因倡导在养育中倾注更多的关爱和情感而闻名，这种开创性的观点与当时主流的育儿方式截然不同。斯波克告诉全世界的妈妈们"你知道的比你想象的要多"，鼓励她们倾听并相信自己和宝宝，斯波克也因此而远近闻名。当几乎所有的专家都建议父母要严格控制孩子时，他却提倡一种更灵活、更个性化、更以宝宝为主导的养育方式。当时，斯波克因提倡宽松的育儿方式和对婴幼儿的"即时满足"而受到严厉批判。尽管这本书的销量超过了 5000 万册，但这些批评一直持续了五十多年，直到 1998 年斯波克去世。

20 世纪 50 年代和 60 年代，英国儿科医生、精神分析学家唐纳德·温尼科特（Donald Winnicott）提出了"抱持"和"足够好的妈妈"的概念，这些概念在今天同样适用。温尼科特认为，母亲对孩子的生理和心理的"抱持"，为他们提供了必要的信心和支持，使他们成长和发展成为一个健康的个体。他认为，"健康的基础是由母亲在她对自己的婴儿的日常关爱中奠定的"，同时他还支持增加对母亲的同情和信任。他的"足够好的妈妈"理念强调了这样一个事实——母亲的某些小错误实际上会促进孩子的成长。他认为没有一个母亲是完美的，事实上，作为一个母亲，完美其实是不可取的："当一个母亲相信自己的判断时，她才是最好的。"[1]

1951 年，世界卫生组织出版了英国心理学家约翰·鲍尔比（John Bowlby）的著作《孕产妇保健与心理健康》（*Maternal Care and Mental Health*）。鲍尔比的想法很大程度上来源于两个方面，一方面是基于他对与父母分离的住院儿童的观察，另一方面是学习了勒内·斯皮茨（René Spitz）对二战期间及战后成为孤儿或与父母分离的儿童的影响因素的研究。与沃森和特鲁比·金不同的是，鲍尔比认为爱和情感对于孩子的成长至关重要。他的理论主张高回应性。众所周知，他的名言是："婴幼儿应该与母亲（或母亲的永久替代者）建立一种温暖、亲密、持续的关系，双方都能从中获得满足和享受，如果做不到这一点，可能会对孩子的心理健康造成重大且不可逆转的影响。"[2] 后来，鲍尔比与他的同事玛丽·安斯沃思（Mary Ainsworth）一起，将他的理论发展成"依恋理论"，其中的一些要素被用来形成了一种被称为"亲密育儿法"的养育方式。

1977 年，英国心理学家佩内洛普·里奇（Penelope Leach）的畅销书《实用育儿全书》（*Your Baby&Child*）出版，至今已售出二百多万册。她关注的重点是同理心、信任、联系和高回应性，提倡权威型的养育方式。里奇极力主张以孩子为主导的育儿方式，与父母强加的常规完全不同。

1985 年，美国儿科医生理查德·法伯（Richard Ferber）博士将"哭声免疫法"睡眠训练推向了前沿，这一概念最早是由美国儿科医生 L. 埃米特·霍尔特（L. Emmett Holt）博士在大约一百年前提出的。尽管法伯研究了好几种解决婴儿睡眠问题的方法，其中最为人所知的也许还是"法伯入眠法"——当孩子入睡或半夜醒来哭闹时，不要马上回应，要等待几分钟，每次延迟的时间逐步增加，直到孩子在晚上不再哭闹，并学会在没有父母帮助的情况下入睡。这种方法对孩子的要求很高，几乎不需要父母做出什么回应，是一种典型的专制型育儿方法。

1999 年，产科护士吉娜·福特（Gina Ford）的畅销书《超级育儿通》（*The Contented Little Baby*）出版，标志着一种更专制、以父母为中心的养育风格的坚定回归。福特鼓励父母通过制订严格的时间表来安排孩子的一天，包括吃饭、睡觉和玩耍的时间。她还建议对婴儿进行睡眠训练。

这一养育风格一直延续到 21 世纪的头十年，保姆乔·弗洛斯特（Jo Frost）——或许更广为人知的名字是"超级保姆"——通过她的书和电视节目，向数百万家庭介绍了一种严格、实用的专制型育儿方法。弗洛斯特因将"顽皮阶梯"作为控制孩子不良行为的技巧而广为人知。

所以，在短短一百多年的时间里，我们的育儿方式似乎又回到了原点，尽管许多科学研究表明，回应式的权威型（而非专制型）育儿方法是最健康、最有效的。考虑到这一点，重要的是要记住，我们的父母和祖父母小时候普遍接受的是专制型的养育方式。简单地说，他们可能会认为，他们的父母用这种方式成功地将他们养育成人，而且这也是他们养育你的最佳方式。然后，他们或许会想，为什么你不继续用这种方式来养育自己的孩子呢？

温和养育不是什么？

温和养育不是放任的养育。那些对温和养育不够熟悉，或是持有更主流育儿观念的人，往往认为温和的养育方式对孩子过于放任和纵容。但事实上，界限、限制和管教在温和的养育方式中起着至关重要的作用。如果你不对孩子进行管教，又怎么能真正地尊重他们呢？

产生这种误解的部分原因在于人们对管教孩子的一般理解。你知道"管教"（discipline）源于"门徒"（disciple）一词吗？"门徒"在字典中的定义是"某个老师或思想流派的追随者"。它来自拉丁文的"学生"（discipulus）和"学习"（discere）。因此，管教要有两个积极的角色——作为老师的成年人和作为学习者的孩子——两者在这个过程中应该扮演平等的角色。孩子们最好的学习方式是模仿，在一个足够安全、能够满足他们自身天性的地方，在一个受尊重并且可以培养他们探索世界好奇心的环境下，按照他们自己的步调去学习。

然而，如果你在一群人中进行一次调查，了解一下管教对他们来说意味着什么，你很可能会听到这样的回答："我挨了棍子""如果我不听话，我爸妈就会打我""把孩子送到'顽皮阶梯'上""如果他淘气，就会被关在外面""如果我粗鲁无礼，就会被关在房间里不给吃饭"……

在我看来，这些都不是有效的管教方式。它们通过羞辱和排斥的方式，给孩子造成了身体或情感上的痛苦。如果没有人告诉他们应该怎么做，如果他们没有合适的人作为榜样，或者如果他们不明白自己做错了什么及应该怎么做，那么孩子们该如何学习呢？

社会上真正的管教并不多见。如今，大多数孩子受到的都是惩罚。他们被惩罚是因为他们跟成年人不一样，作为一个孩子，他们充满了好奇心，非常渴望学习，但却没有良好的自我管理能力。他们的不当行为通常是一种求助信号，表明孩子在他们的世界里过得并不舒服。但是，现在大多数的行为控制方法是在惩罚有问题行为的孩子，而不是试图帮助他们解决问题。

字典上对"惩罚"的定义是"以严厉或有害的方式使之服帖、受辱或以苦行赎罪；严重、残酷的处罚"。当孩子在接受惩罚时，他们的角色是被动的，成年人的目标是控制他们并使他们顺从，因此，在这个过程中孩子并不能真正学习到什么。尽管孩子的问题行为可能会暂时消失，但问题的根源依然存在，问题行为随时都可能会再次出现。这就像一个已经溃烂的伤口，虽然上面覆盖着新的绷带，但随时都有可能再次化脓。为什么不帮助孩子解决他们的问题呢？那么我们一定是更好的老师吗？

专断型、权威型和放纵型的养育方式

1966 年，心理学家戴安娜·鲍姆林德（Diana Baumrind）提出了三种截然不同的养育方式：专断型、权威型和放纵型。[3] 它们的主要特征可以概括如下：

专断型

- 高要求。父母期望的行为可能与孩子的年龄不相符。

- 严格的界限和限制，通常是过度的。

- 使用惩罚的方式来强化界限和限制。

- 孩子几乎没有自主权。

- 很少考虑惩罚的年龄适宜性。

- 主要以父母为中心——成年人知道的最多。

- 父母不注重自己的行为，通常也不是好的榜样。

- 父母对孩子的情感倾注较少，响应度低。

· 极少尊重孩子，却要求孩子对父母要非常尊重。

权威型

· 父母对孩子的要求很高，但他们的期望与孩子的年龄是相符的。

· 父母设定的界限和限制比较切合实际。

· 始终以尊重孩子的方式执行界限和限制。

· 给予孩子一些自由和一定程度的自主权。

· 适合孩子年龄的管教是关键。

· 主要以孩子为中心，孩子和父母都受到尊重。

· 父母明白自己的情绪对孩子的影响。

· 父母给予孩子极大的关爱，和孩子之间具有良好的亲子关系。

· 父母对孩子的需求给予高度的响应。

放纵型

· 父母对孩子的要求不高，对孩子的行为期望较低。

· 孩子往往能够表现得更好，但是并没有得到父母的鼓励。

· 很少或没有界限或限制。

· 设定的任何界限都不会强制执行。

· 孩子有更多的自由，可以做自己喜欢的任何事情。

· 孩子的不良行为不会受到约束，并且父母会替他们开脱。

· 孩子对自身的行为进行自我约束和控制，父母很少干涉。

· 父母可能会因为自己的情绪而挣扎。

· 非常慈爱的父母。

· 父母高度响应孩子的需求，但可能会误解他们的需求。

那么，什么才是理想的养育方式呢？在这个过程中，父母要小心翼翼地保持平衡，既要对孩子做出良好的回应，又要对孩子提出适当的要求，并时刻关注孩子的成长与发展。那么，该如何定义这种养育方式呢？权威型养育方式，我喜欢称它为：温和养育。

第一章

温和养育中的七个 C

你不能阻止海浪，但你可以学会冲浪。

——乔恩·卡巴金（Jon Kabat-Zinn），医学教授和正念专家

为人父母就像一次发现之旅：当你看着孩子探索世界时，作为成年人，你也会在很多方面得到成长。而且，正如所有最好的旅行一样，你有一个伟大的旅伴——你的孩子。当你们一起在一个全新的、陌生的世界中摸索时，会遇到很多意想不到的曲折以及需要跨越和力图避免的障碍。

就像伟大的探险家在七大洋上航行一样，父母必须在了解孩子和自己的基础上找到养育子女的方式。我的七大洋就是：温和养育的七个 C。这里的七个 C 是要点而不是规则，任何父母，不管其背景或育儿经历如何，运用这七个 C 都能做到尽可能以平和的态度和自信的状态来引导孩子，同时也不会偏离育儿的最终目标——培养一个快乐、自信、有安全感的孩子。这七个 C 是：

Connection	联系
Communication	交流
Control	控制
Containment	包容
Champion	支持
Confidence	自信
Consistency	一致性

温和养育的七个 C 适用于任何年龄段——无论你的孩子是婴儿、学步儿童、5 岁、10 岁还是十几岁。然而，本书主要针对的是 0 ~ 7 岁的孩子。接下来的六章将分别介绍各个年龄段孩子的父母会经历哪些困难，以及孩子在每个阶段会有哪些特殊的表现，父母如何在养育中运用七个 C。

下面，我将详细介绍七个 C 的具体含义。

Connection　联系

对于任何年龄的儿童来说，许多行为问题产生的根源往往是缺乏联系。不管是一个 9 个月大的婴儿正在经历的分离焦虑和在夜间多次醒来，还是一个刚刚开始日托的学步幼儿在每次下车时都哭得伤心欲绝，或是一个学龄前儿童因为家里新出生的宝宝而变得如厕能力退化，或是一个 6 岁的孩子与兄弟姐妹争夺忙碌的父母的注意力，通过关注孩子对联系的需求并积极地回应他们，以上所有这些情况都可以戏剧性地得到改善。

联系，无论是在当下还是在未来都很重要。从短期来看，孩子可能会为了得到父母的关注而"行为不端"。例如，当父母正在与朋友进行长时间的交谈或者正在打电话时，一个蹒跚学步的孩子可能会因为没有得到足够的关注而发脾气。在这种情况下，父母认识到孩子的需求是处理这种问题行为的关键。从长远来看，长期缺乏关注会导致孩子产生更严重的行为问题。这种情况经常发生在稍大一点的孩子身上，尤其是在他们有兄弟姐妹的情况下，以及当父母使用隔离性的惩罚方法时，这些孩子往往会长时间地远离父母。如果父母和孩子之间的联系没有实现，这个问题很可能会变得更加复杂而无法解决。因此，对于父母来说，花时间与孩子定期（最好是每天）重新建立联系是至关重要的。长期建立联系应该怎么做呢？

每天晚上哄孩子睡觉的时候，同他们聊上 15 分钟是一个不错的开始；

或者趁大家晚上都在家的时候一起玩 10 分钟游戏，周末再增加一些一对一的时间；和孩子在公园里待上一个小时、一起烤蛋糕或者靠在沙发上分享一本书……这些都很容易做到，也不需要花很多钱。我们经常会带孩子去参加俱乐部和培训班以帮助他们成长，但具有讽刺意味的是，他们最需要的恰恰是和我们在一起的时间。

在面对孩子不受欢迎的行为期间，认识到重新联系的必要性同样重要。婴儿的哭泣、幼儿的发脾气、学龄前孩子的哭闹及大孩子的生闷气，都会让父母焦头烂额，这是可以理解的。但是，当我们筋疲力尽、束手无策，想知道自己当初为什么要生孩子的时候，正是我们与孩子重新建立联系的关键时刻。这不仅有助于在短期内减少孩子不受欢迎的行为，还能让孩子感受到你是和他们站在同一阵营的，从而减少长期出现这种行为的可能性。不管孩子做什么，都应该让他们始终感觉到你的爱。你可能不喜欢他们的行为，无论你感到多么愤怒和疲惫，你还是会无条件地爱他们，这一点必须让他们知道，尤其是当你的表现与本意不相符的时候。

Communication　交流

所有的行为都是交流，包括哭泣、吵闹、扔、打、咬、生闷气、黏人，等等。关键是要理解这些行为背后的含义。你的孩子可能有身体上的需求，如饥饿、口渴、疲劳、不舒服或疼痛。这些通常是最容易发现的原因，也是大多数家长首先应该考虑的因素。但如果他们的行为有更情绪化的原因呢？他们是否受到了过度的刺激或者面对新环境时感到不知所措？或者相反，也许他们是因为缺乏刺激或者感到无聊？是不是另一个孩子侵犯了他们的个人空间，让他们感受到了威胁？又或许他们仅仅是感到害怕或孤独？孩子越会表达自己，他们的情感需求就越容易得到满足。但即使是一个伶牙俐齿的 7 岁孩子，也很难用语言表达自己的感受，他们可能会通过行为来表达自己的不满。

另外，仔细思考一下你自己的交流方式。交流不仅仅是口头上的，你的行为和肢体语言在告诉孩子什么？当你正在和朋友深谈，而你的孩子试图告诉你一些重要的事情时，你却一直做出"嘘"的动作，会向他们传达出什么信息呢？当你的孩子和兄弟姐妹打架时，如果你对他们大喊大叫，又在向他们传递什么信息？交流包括倾听和表达。让孩子知道我们在倾听他们，并重视他们所说的话，这对他们建立自信和自尊至关重要。"照我说的去做，不要照我做的去做。"这句老话就是我们经常谈到的一个很好的例子。孩子们是伟大的模仿者：我们做什么，他们就会做什么。因此，你的行为方式会告诉你的孩子他们应该怎么做。如果你的孩子喜欢大喊大叫，很可能你自己也经常大喊大叫。所以，请仔细考虑你的肢体语言、行为及你的言语。

在对语言的理解方面，孩子和成年人是不一样的。例如，他们对指令的理解远比我们要简单。举一个例子来说，告诉孩子"别跑了"并不能说明你想让他们做什么。因为他们听到这个指令后，会思考自己是应该单脚跳、双脚跳还是站着不动，这让他们很困惑。当然，作为成年人，我们知道我们说这句话的真正意思是"不要再跑了，要慢慢地走"。但是，我们并没有把这个意思正确地传达给孩子。所以，直接告诉他们"请慢慢地走"会好得多。

与孩子进行有效的交流，就像医生对待病人的态度一样。在语言和身高方面与孩子"平起平坐"，与他们进行眼神交流，或许还可以通过手的接触以一种温和的方式与孩子进行身体上的交流，这远比你高高在上给孩子的感觉要安全、积极得多。想一想你喜欢别人用哪种方式与你交流，就在与孩子交流时运用这种方式。

Control 控制

婴儿和幼儿很少或根本无法控制他们的日常生活。他们到底能为自己选择什么呢？什么时候睡觉？吃什么东西？什么时候吃？如何打发时间？通常情况下，这些控制权都掌握在父母手中。因此，孩子许多不受欢迎的行为都是在试图重新获得一些控制权，从而维护他们的自主权。如厕、吃饭和睡觉等行为通常都与控制问题有关，在年龄适宜及安全允许的情况下，让孩子拥有尽可能多的自我控制权，可以极大地改善他们的行为。

给孩子自我控制权需要设定边界和限制。给予孩子更多的控制权并不意味着纵容孩子。在很少有约束或没有受到管教的环境下长大的儿童，即使他们经常在挑战我们设定的界限，他们也会感到强烈的不安。孩子们需要知道大人期望他们做什么，而边界和限制就是他们学习的最好途径之一。为你的家庭确定合适的界限是养育的一个重要部分，冷静而富有同理心地执行它们是至关重要的。

Containment 包容

婴儿和年幼的孩子都无法控制自己的情绪。这不是错误，也不是问题，只是简单的生物学现象。作为成年人，我们大脑中成熟的情绪调节中心告诉我们：当我们感到恐惧时，在拥挤的电影院里大声尖叫是不被众人接受的；当我们感到沮丧时，我们的大脑会告诉我们，在超市里大喊大叫和骂人不是"应该做的事"；当我们生气时，我们的大脑会告诉我们，打或者咬那个让我们烦恼的人是不合适的。不幸的是，7 岁以下的儿童大脑中没有这些资源，他们没有能力用"自我暗示"来让自己冷静下来。他们就像一个没有盖子、正在沸腾的锅，一切都会不受控制地爆发。当你想到在他们的日常生活中有多少事情让他们心烦意乱（这在很大程度上与他们对联系和控制的需求有关），再加上他们相对较差的语言沟通能力，就很容易理解为什么他们的"锅"那么容易沸腾。因此，婴儿和幼儿需要一个成熟的成年人来作为他们强烈情绪（这就是他们的情绪——而不是淘气，这意味着他们可以控制自己的行为）的容器，让孩子有空间安全地释放这些情绪。他们需要一个成年人对他们说，"没关系，什么事都可以冲我来，我可以帮助你化解你的情绪"。在这里，父母的作用是充当幼儿的外部调节器，直到他们长大到可以调整自己的情绪，这中间需要的时间可能比我们想象的要长得多。

当然，作为父母，我们自己的情绪容器也会装满，有时我们也会爆炸和溢出各种情绪。这是一个信号，表明我们是时候清空自己的情绪负荷了。这个时候，要找到一个倾听者、一个爱好或一种放松的方式，让自己留有足够的空间来容纳孩子的情绪，这非常重要。我将在第十章中更详细地阐述这个问题。

Champion　支持

在你成长的过程中，是否有人相信你、支持你、时刻为你的利益着想？也许他是你的伴侣、一个朋友或亲戚。想想上次有人帮助你的时候，或者当有人真正"理解"你的想法并为你辩护的时候。每个孩子都需要一个支持者，而他们的第一个支持者应该是他们的父母。

甚至在孩子出生之前，你就已经是他们利益的"捍卫者"了，因为你要对你的儿子或女儿进入这个世界的分娩方式和环境做出明智的选择。在整个婴儿时期，很多艰难的决定都是为了孩子的最大利益，每一个决定都需要你为他们撑腰。从蹒跚学步开始到学龄期及以后，你需要让孩子知道你始终是和他们站在同一边的，他们不必害怕到你面前告诉你他们对某件事情的看法。即使你对他们的行为感到愤怒，你也会听他们把话说完，并与他们一起解决遇到的问题。

随着孩子年龄的增长，他们对支持者的需求也越来越强烈。当他们不慎陷入友情问题或与老师发生争吵时，他们需要知道至少有一个人是可以依靠的。当其他人都放弃他们的时候，你仍然相信他们。你坚定不移的支持可以给他们信心和勇气来面对这个世界，而不是让他们在遇到事情的时候选择逃避和躲藏。

当然，成为孩子的支持者可能很难，尤其是当他们不是以一种让你感到自豪的方式表现的时候，但这也正是他们最需要你的时刻。当你因为孩子"咬人"而被叫进幼儿园，当他们在 5 岁时粗鲁地对待老师，或者当他们在 7 岁时拒绝做家庭作业的时候，你需要更深入地观察他们的行为以捍卫他们的尊严。

Confidence　自信

温和养育的父母相信他们的孩子，也相信他们自己。如果我们对自己有信心，尤其是对我们自己的决定充满信心，会让我们以一种更冷静、更深思熟虑的方式来管教孩子。这可能意味着我们需要远离那些考验我们的环境，并与那些让我们怀疑自己的人保持距离。当我们对自己的选择充满信心时，可以避免不必要的内疚和怀疑，从而做出更好的决定。自信是与我们的心灵、思想及我们的孩子联系在一起的。尤其是当我们自己被抚养的方式与我们希望抚养孩子的方式不同时，自信也意味着与我们自己被抚养的方式和平相处。

自信来自做出明智的决定，来自与你志同道合的人——那些与你有着相同感受并以类似的方式养育孩子的父母，来自在你和你的家庭周围建立的支持网络。自信来自时间和经验，来自活在当下，来自关注孩子的发展的同时也关照好你自己。它并非来自遵循一种既定的育儿方式，而是来自自己有能力做决定的感觉。

对孩子有信心和对我们自己有信心一样重要。在许多方面，我们对婴儿和幼儿的期望过高，但实际上却没有给他们足够的时间和空间去探索和发展，我们包办了太多事情。一个婴儿花了 10 分钟试图捡起自己的玩具时，你帮他捡起来了；一个蹒跚学步的孩子正在努力完成拼图时，你插手了；一个 5 岁的孩子在努力地读出书中的词语时，你帮他读出来了；两个 7 岁的孩子在争吵时，你介入了。这些都是不好的例子，是你低估了孩子的能力，没有给他们机会去进行自我实现。对一些人来说，学会在孩子挣扎的时候不去干涉他们的生活是很困难的，但是告诉孩子你相信他们可以做一些事情，并且相信他们能够做到，这是非常重要的。

Consistency　一致性

许多父母在几个星期内都能很好地完成以上六个 C，但是日常生活的忙碌，或者没有看到立竿见影的效果，都会让他们失去信心。过渡到温和养育的方式并不容易，它的效果呈现的速度缓慢得令人恼火。我们生活在一个"急于求成"的世界，我们习惯于即时的满足和快速的转变，但温和养育的方式可能需要一个月到几年的时间才能真正发挥作用。这就是为什么有一个长远的眼光是至关重要的，只有这样，作为父母的你才不会失去信心，才不会再次怀疑自己的养育方式。

无论你有多忙或多累，你都必须坚持你的界限和限制，这是非常重要的。每次都要进行强化，并坚持你的信念。很多父母给孩子传递了复杂的信息，今天允许他们做的事情第二天又不允许做了。虽然你可能为了省事，允许一些"仅此一次"的事情发生，但想想这可能会让你的孩子多么困惑。同样，控制自己的情绪和培养自己也不是"一次性"的事情，必须每天坚持。

简而言之：在养育孩子的过程中，你越是持之以恒，效果就会越好。

七个 C 将为你提供一个框架，以温和的方式解决你可能遇到的任何问题。在接下来的第二至第七章中，我们将回顾它们，看看它们在孩子成长的特定阶段的实际应用。

第二章

养育之初——从怀孕到宝宝出生

信念，就是看不到阶梯的尽头，却仍然愿意迈出第一步。
——马丁·路德·金（Martin Luther King Jr），民权活动家

对于许多准父母来说，怀孕期间关注的焦点都是生活中即将遇到的实际问题。他们会花很长时间布置育儿房，选择婴儿车、婴儿床和汽车安全座椅，准备尿布和婴儿用品，然后考虑育儿期间的财务状况。准父母的另外一个关注焦点就是迫在眉睫的分娩，当然这也是大多数产前课程的重要内容。然而，关于养育的内容则相对缺乏，具体包括：如何培养宝宝、如何应付不眠之夜、如何喂养（什么时候喂奶水，什么时候断奶开始摄入固体食物），以及什么时候开始对孩子进行管教（并就管教的形式展开讨论）等。在我看来，最重要的是要确保自己做出了明智的选择，与伴侣多做沟通，并制订尽可能多的、灵活的前瞻性计划。

怀孕对你来说是一个探索自己的成长过程、回顾童年的想法和感受及思考对抚养孩子的看法的完美时机。怀孕正是在你周围建立一个"群体"的时候，这是一个支持网络，有利于孕期及产后孩子的养育。在考虑孩子的分娩时，考虑到其他所有的相关因素也很重要，这些都决定了你孩子的经历。你现在花在讨论和处理这些问题上的时间越多，你就会准备得越充分，宝宝出生后你的生活就能过得更轻松。

与自己的成长经历和平共处

回顾你自己的成长经历，想一想：你是如何长大的？你总能受到尊重吗？你觉得自己受重视吗？你觉得自己被倾听了吗？你和父母的关系好吗？你有支持者吗？

我们中的一些人接受了积极的教养方式，也很乐于效仿这种方式，而那些经历过严厉管教的人可能希望自己的孩子远离这种教养方式。还有些人在成长过程中受到了更多的控制，包括被体罚和被羞辱，但是他们却为自己辩护说，"我就是这样长大的，这种方式没有对我造成任何伤害"。居然说体罚这样的方式是合理的，这总是让我感到非常不舒服。因为我们知道，体罚毫无疑问会对孩子的心理造成伤害。我很怀疑，那些认为体罚不会带来伤害的成年人是否会毫发无损地长大成人。事实上，他们认为打孩子是可以的，这本身就表明他们缺乏同情心。

在怀孕期间，你能做的最重要的事情之一就是与你自己被养育的方式和平相处。如果你的父母还在身边，你可以和他们聊聊为什么他们会做出这样的选择，这会对你有所启发。如果他们采取了更专制的路线，而且他们已经离开了人世，我们要做的一件非常重要的事就是原谅他们选择了当时盛行的育儿方式。

不过，最重要的是要记住，每一代人都有机会重新开始，你也有机会让自己的儿子或女儿拥有一个充满爱、备受尊重的童年。从很多方面来说，当你成为父母时，你不仅是在抚养自己的孩子，还可能影响到你的孙子和曾孙的抚养方式。

创建交流群

在人类发展的时间长河里，人类像其他哺乳动物一样，都倾向于以群体或部落的形式养育后代。尤其是女性，她们会形成自己的社交圈，在其他母亲的支持和指导下抚养自己的孩子。人类历史上的大多数时候都是这样，直到现在也是如此。但是，我们育儿的新趋势是孤立地养育孩子，远离我们自己的家庭和那些比我们更有经验的人的关注和保护，这与我们的需求背道而驰。我们都是社会人，我们不应该单独做这件事。

心理学家丹尼尔·斯特恩（Daniel Stern）在他的《母亲星座》（*The Motherhood Constellation*）一书中提到了创建一个群体的重要性。他认为，在整个怀孕期间和初为人母时，母亲们都非常关注孩子的健康及她们与孩子之间的关系。这有助于母亲产生一种新的自我意识，而这种自我意识在很大程度上取决于她的孩子。虽然斯特恩承认这是为人父母的一个重要部分，但他觉得这个新世界对新妈妈来说可能难以承受，她需要别人的鼓励、理解和建议，才能完成自我意识的转变。他解释说，这种支持网络几乎是由准妈妈和新妈妈在无意识中形成的。虽然斯特恩关注的是新妈妈，但我强烈地认为，同样的原则也适用于新爸爸，新爸爸们建群互相取经也同样重要。

在 21 世纪，这些社交群越来越虚拟化。它们通过社交媒体和育儿网站论坛得以形成。如果你找到了合适的群组和网站，这些当然会很有帮助。但是不管你在网上得到了多少支持，永远都不要低估一个真正的、实体的社交群（许多人称之为"育儿团"）的集体力量。

如果你身边没有带孩子的家人或朋友，那么在你周围建群的最简单的方法就是参加产前或婴儿培育课程。尤其是产前课程，与学习分娩知识相比，在这里结交新朋友更为重要。理想情况下，和你的伴侣一起参加所有的产前课程。时间尽量选择在晚上或者周末，这样你们双方都更有可能参加。课程结束后，准妈妈们往往会保持联系，但对于准爸爸们来说，保持彼此之间的联系也同样重要。当你想要在你周围建群时，考虑一下你可能会在哪些课程和地方遇到情况和你相似、与你有着相同想法的人，让他们尽可能本地化，为你所用。

对于准妈妈们来说，即使没有结交朋友及之后保持联系的压力，只是参加一门新课程就足以令人生畏。所以，如果没有人问你要联系方式，不要认为他们不想建立联系，很可能他们和你一样紧张，不好意思开口而已。你可以建议课程负责人在课程结束时开一次见面会，甚至可以问他（她）是否可以组织一次非正式的聚会，或者通过手册或电子邮件的方式分享每个人的联系方式。这个新团体的成员可能会成为你生命中最重要的人——如果不是永远，至少也是一年或更长时间——所以值得一试。

以下这些父母的心声说明了为什么创建交流群是如此重要：

> 我通过当地的母乳喂养小组认识了很多妈妈。我发现有她们支持的日子是弥足珍贵的；和其他正在经历或经历过母乳喂养波折的妈妈们在一起，我克服了许多困难。我敢确信，我在这里交到了一辈子的朋友。

> 和那些理解我的感受的人在一起，并且能够和他们谈论那些我通常不会告诉别人的事情，这种感觉真是太好了。

> 在孩子出生后的头几个月，我以为自己要疯了——我通过电子邮件向我的产前小组求助，他们的反应令人惊叹。他们真的帮了我的大忙，我不知道如果没有他们的支持，我怎么才能熬过那段艰苦的岁月！

我在第一个难熬的岁月里结交的妈妈们都非常友好。我真的觉得我已经交到了能当一辈子的朋友，我很感激在这个过程中能和她们一起分享育儿中的酸甜苦辣。

选择更适合婴儿的分娩方式

大多数准父母都听说过"分娩计划"，或者我更愿意称之为"分娩偏好"——毕竟，计划赶不上变化！但我不确定是否每个人都真正理解"分娩偏好"的重要性。

在孩子出生那一天到来之前，分娩偏好很重要。我认为，也许它们的主要作用是让你思考你的选择（对很多人来说，这意味着你要意识到你确实有选择），并和你的伴侣讨论这些选择。这种沟通不仅对于分娩至关重要，而且还有助于你们作为一个团队来运作，以便考虑到每个参与方的需求，包括你的父母、医生、助产士，也许还有最重要的参与者——你的宝宝。如果没有提前沟通，到时候他们的经验往往得不到充分的发挥。

一旦你和伴侣及陪伴你分娩的人研究并讨论了你的分娩偏好，你就应该以一种便于阅读的形式（不要超过一页纸）把它们记录下来，同时复印几份（以免遗失），并确保它们能在当天被真正阅读。

好的分娩偏好是乐观的，但也是现实的，它列出了你对理想分娩的选择，以及如果事情偏离了这个方向应该怎么做的备案。你也许希望能自然分娩，但也要考虑如果需要医疗干预的话，你可能要做的选择。如果你计划在家中分娩，考虑一下如果被转移到医院，你希望事情如何进展。

我建议丰富你的分娩偏好，于是我将提出以下话题：

1. 分娩的开始及为什么你应该允许它自然发生

关于分娩，你可以做的一件事就是让婴儿在他或她真正准备好了的时候出生，如果一切顺利的话，可以等待分娩自然开始。这不仅意味着胎儿在子宫里就已经做好了充分的准备，而且也预示着母亲的分娩会更容易。

大多数人认为婴儿会在怀孕 40 周左右出生。然而，他们没有意识到，怀孕 40 周出生的想法是没有根据的，只有 4%～5% 的人会在"预产期"分娩，大多数人是在预产期之后分娩的。被称为"内格勒法则"（以 19 世纪初提出该方式的德国产科医生的名字命名）的 40 周计算法，从女性最后一次月经周期的第一天开始计算，整个孕期是 280 天，它假定所有女性的月经周期都是 28 天，排卵发生在第 14 天。因此，根据该法则，从排卵到生产的平均时间是 266 天。

事实上，研究表明，从排卵期开始计算，第一次怀孕的女性的平均怀孕时间是 274 天，第二次怀孕的女性的平均怀孕时间是 269 天。[4] 这实际上意味着，第一次怀孕的女性，其预产期应该是在第 41 周零 1 天，第二次怀孕的预产期应该是在第 40 周零 3 天。这种新的基于证据的计算方法使人们对目前在怀孕 41～42 周时进行引产的做法提出了质疑。许多引产手术是否做得太早了？

此外，英国国家卫生与临床优化研究所（NICE）指出，"大多数女性都会在 42 周内自然分娩"，并在其指南中将引产作为一种"提议"，认为这应该予以讨论（风险和好处），是可以拒绝的。然而，对于许多父母来说，引产并不是一种提议或选择，而是"将要"发生的事情。通常，引产的好处（婴儿的安全）肯定大于风险，但在许多情况下，引产可能比等待自然分娩的风险更大。引产的风险包括：

• 需要硬膜外麻醉的概率增加。

• 紧急剖宫产的概率增加。

· 不利于建立母乳喂养。

· 对子宫的过度刺激，导致胎儿由于缺氧而感到不适。

· 分娩后大量出血的概率增加。

· 脐带脱垂的可能性增加（即脐带先于胎儿进入阴道，影响胎儿的氧气供应）。[5]

准父母需要权衡分娩方式的利与弊，并在它们之间找到一个平衡点。好消息是，英国国家卫生与临床优化研究所的指导方针指出，准父母应该得到医务人员的支持，以权衡利弊并做出抉择。它还指出，提供引产的医疗专业人士应该：

· 在做出决定之前，让准妈妈有时间和伴侣讨论这些信息。

· 鼓励准妈妈去查看各种相关资料。

· 请准妈妈提出问题，并鼓励她考虑自己的选择。

· 支持准妈妈做出的任何决定。

考虑是否接受引产的一个好方法是使用 BRAIN 策略：

B = Benefits——它的好处是什么？

R = Risks——它的风险是什么？

A = Alternatives——还有别的选择吗？

I = Intuition——凭直觉你认为应该怎么做？

N = Nothing——如果你什么都不做，或者再等几天，会发生什么？

使用 BRAIN 策略可以帮助你权衡引产的利弊和医务人员的建议，并做出你认为最舒适的决定。BRAIN 策略不只适用于引产，它还适用于你在分娩、产后及育儿过程中想要做出明智决定的任何地方。

最后需要考虑的一点是，引产是否可以是自然的。关于"自然"的方法，有一些无稽之谈（其中一些确实有一点道理），但它们是否有效并不是重点。如果你是通过医疗干预或其他所谓"自然"的方法来强迫分娩的话，其实就是在勉强自己还没准备好的身体。如果一切正常，引产就不是一种自然或尊重的方式。我强烈地认为，在一个健康的怀孕过程中，等待分娩完全自行开始是最温和的方式。

2. 生产环境

如果在医院、家中或分娩中心生产都是安全的，你觉得哪里最让你感到放松？研究表明，对于第一次分娩的产妇来说，在家分娩可能会存在轻微并发症的风险。[6] 然而，如果产妇是低风险妊娠，出现并发症的风险仍然很低。对于那些非首次分娩的产妇来说，在家分娩与在医院分娩相比，出现并发症的风险并不会增加。

对于那些低风险妊娠的产妇来说，选择一个最能让她们感到平静、放松并能控制分娩过程的环境是至关重要的。有些人在医疗环境中会感到安心，而另一些人在熟悉的环境中会更有安全感，比如在舒适的家里或者在有她们认识的助产士的地方。

理想的分娩环境是安静、平和、温暖、昏暗的，没有任何可能会引起产妇焦虑的景象、声音或气味。分娩依赖于催产素的分泌，这种激素与放松、爱情和性有关。为了让分娩顺利进行，母亲需要分泌足够的催产素。然而，压力激素肾上腺素的分泌、寒冷及明亮的灯光都会对这一过程造成阻碍。因此，最好的生产环境应该是浪漫而放松的。

以前教产前课程的时候，我会让准父母们画一幅能让他们觉得放松的场景。通常，他们画的都是大海、大沙发、大床、很多靠垫、烛光、火光和月光。这些都是我们所需要的生产环境。相反，许多准父母发现自己所处的环境一点也不令人放松。

除了考虑你自己的喜好外，你还应该为宝宝考虑一下。你认为对于刚出生的宝宝来说，什么样的环境才是最好的呢？

无论你在哪个地方生产，都要使周围的环境适合分娩和照顾宝宝。你可能无法在医院的病房里点蜡烛，但可以买一些类似的电池蜡烛放在身边。你也可以用自己的软毛巾来擦拭宝宝。你可以考虑在水中分娩，要求立即与宝宝进行肌肤接触，并推迟给宝宝穿衣、称重、扎脐带，不让宝宝戴帽子，以便你可以亲吻和爱抚他们。你还可以从家里带一些物品，比如你自己的枕头或毯子，它们也可以让你放松，帮助你顺利地生产。

3. 陪伴你分娩的人

谁能帮助你放松？理想的分娩陪伴者是那些能够保持冷静并相信准妈妈有能力分娩的人。有些准妈妈在生产时希望有朋友或亲人（伴侣或其他家人）陪在身边，而有些人则想一个人完成这个过程。如果你决定要一个朋友或亲人陪伴的话，就应该提前和他们分享你对分娩的看法，并让他们充分了解你的意愿。总之，一定要试着选择一个既能保持冷静，又能善于读懂你的情绪和需求的陪伴者。

有些人会雇佣那些被称为"导乐"的专业助产士。导乐通常是由那些有过生育经历的女性担任，尽管也会有一些男性导乐和没有生育经历的女性导乐。从字面上看，古希腊语"doula"一词的意思是"仆人、女奴隶"，它在某种程度上突出了这个角色的作用，即为准父母们服务，以他们选择的方式为其提供最好的分娩体验。导乐能够帮助准父母们了解他们的选择，并给予他们信心。导乐能够为即将分娩的准妈妈（和准爸爸）提供情感和身体上的安抚和支持，同时还可以帮忙布置环境，使一切都尽可能地有利于分娩的进行和婴儿的到来。研究表明，分娩时有一位导乐在场，不仅可以降低剖宫产的风险、减少产妇对硬膜外麻醉的需求，还能缩短产程、提高母乳喂养率及加快产后恢复。[7]

4. 放松的技巧

在整个分娩过程中保持放松是顺利生产的关键。这适用于准妈妈自己，也适用于在准妈妈身边的每一个人。这再次凸显了生产环境的重要性，但你也需要考虑其他能让你保持冷静的方法。比如一段轻松的音乐，或者某种气味。

对于产妇的陪伴者来说，带一本好书是一个很好的放松策略（分娩往往是相当漫长而无聊的，与其在那里盯着即将分娩的准妈妈，不如在等待的过程中看看书）。陪伴者还要确保当天穿的衣服是舒适的，并且手边有很多预先准备好的食物、饮料和零食。

放松的方法有很多，正念、催眠或特殊的呼吸技巧都可以帮助你保持平静。我喜欢使用的一个非常简单的呼吸技巧是：闭上眼睛，只用鼻子呼吸，吸气数到 7，然后再用鼻子呼气，数到 11。当你慢慢吸气和呼气时，让自己专注于腹部和横膈的起伏。

放松策略不仅对准妈妈来说很重要，对于陪伴她们分娩的人也同样重要。一个焦虑的陪伴者会让分娩的母亲跟着变得紧张起来。

5. 缓解疼痛

所有形式的疼痛缓解方式都各有利弊，你需要了解你的选择。在这里应用 BRAIN 策略（详见第 32 页）可以帮助你做出明智的选择。如今，有各种各样的止痛选择，从依靠药物的硬膜外麻醉、安桃乐气体吸入和注射哌替啶到一些替代形式，如温水、按摩、芳香疗法、顺势疗法、催眠和呼吸疗法、运动及 TENS（经皮神经电刺激疗法）等，应有尽有。

在此之前，请先考虑一下你的期望。你认为分娩本来就是一个痛苦的过程吗？如果一切进展顺利——在平静的环境中，有自由流动的催产素和内啡肽（身体的天然止痛剂），准妈妈能专注于自己的呼吸——分娩的时候就不会出现剧烈的疼痛。许多女性很容易分娩，根本不需要进行额外的止痛。事实上，我生了两个近十斤重的婴儿，也没有使用任何止痛药物。我对疼痛没有很强的忍耐力，我拒绝止痛也并不是出于对"全自然"分娩的渴望。后来，我发现，我根本不需要任何东西，因为分娩并没有那么痛。

但是，如果你觉得自己可能需要一些止痛措施，那么你必须事先研究所有的选择，并确保所有的分娩陪伴者都知道你的选择（这也记录在分娩偏好文档中）。我发现在我的分娩偏好中加入以下内容是有用的："请不要给我止痛。如果需要什么，我自己会提出要求。"之所以要这样是因为，如果我得到了缓解疼痛的帮助，我会觉得这是我没有提前计划好在没有它的情况下该如何应对的结果。

6. 特殊状况

分娩前，不仅要考虑理想的生产情况，同时也要考虑到现实中可能会出现的各种特殊状况，比如需要引产，需要使用产钳、呼吸器或者紧急剖宫产。这时，BRAIN 策略同样可以帮助你做出明智的选择。然而，在大多数情况下，你可以通过要求在手术室里播放音乐、产后立即与宝宝进行肌肤接触或者让分娩陪伴者全程在场，从而使生产体验变得积极起来。

7. 第二和第三阶段

分娩的第二阶段通常被称为"用力阶段"，第三阶段是胎盘娩出阶段。通常，准父母在研究自己的分娩偏好时并没有充分考虑到这两个阶段，尽管它们都会影响到婴儿早期的经历。

女性的身体构造不适合在一两个小时内持续地"用力"。事实上，在正常的分娩过程中，一连串的化学和物理反应可以引起催产素的分泌，从而触发一种足以将婴儿从产道中推出去的反射，而母亲很少或根本没有意识到自己的参与。20 世纪 60 年代，美国心理学家奈尔斯·牛顿（Niles Newton）对怀孕的小老鼠进行研究后，将这种反射称为"胎儿弹出反射"。[8]然而，胎儿弹出反射的发生，需要一个和平、安静、信任和平静的环境。产科医生米歇尔·奥当（Michel Odent）博士在他的论文《胎儿弹出反射和助产士的艺术》（"Fetus Ejection Reflex and the Art of Midwifery"）中写道：

任何对隐私状态的干扰都会抑制胎儿弹出反射的发生。阴道检查、眼神交流、环境的改变，以及房间不够暖和或者有明亮的灯光，诸如此类的情况都会抑制它的发生。不过，如果接生人员表现得像"教练""观察员""助手""向导"或"辅助人员"，产妇受到理性语言的刺激（"现在宫口已经完全张开了，你必须用力"），则不会出现这种情况。

我自己的生产经验

很幸运，我能和我的后两个孩子一起经历"胎儿弹出反射"。但我的前两个孩子是通过"憋紫脸向下用力"的方式（医学上称为"瓦尔萨尔瓦手法"）来分娩的。这种方式要求准妈妈"深呼吸，屏住呼吸，然后用力"。在这两次分娩中，我都产生了大量的撕裂，分娩后需要缝合，我的一只眼睛在用力过猛后血管破裂，同时我也患上了痔疮。我和我的孩子都被弄得筋疲力尽。相比之下，我的后两个孩子都在家里温暖的水中出生。我的客厅里灯光昏暗，没有人触碰我，也没有人跟我说话，但我觉得自己得到了充分的支持。我闭上眼睛，只专注于自己的呼吸和婴儿向下移动的感觉。这两个婴儿都是在进入第二阶段不到两分钟就出生了。事实上，我并没有特意做什么，因为我的身体在不知不觉中就分娩了。我所做的就是在我的孩子出生的时候在水中把他们抓住。我不需要缝针，我感到很兴奋，而不是筋疲力尽。这两个宝宝在出生时比他们的哥哥姐姐更平静、更机敏。在这样的条件下分娩，你不需要用力，但确实需要一个合适的环境。

　　通常，宝宝一出生，灯光就会亮起来，陪同的人就会用手机打电话或者发短信来分享这个好消息，大家互相祝贺，气氛也会变得热闹起来。但这时候，分娩只是完成了前两个阶段，母亲仍在继续分娩，一直到胎盘出来，整个产程才算完成。所以，她之前所处的那个安静、平静、昏暗的环境应该被保留下来。胎盘分娩与婴儿出生所需要的激素相同，但在大多数情况下，催产素会由于明亮的灯光和"大惊小怪"的声音（这也会过度刺激到婴儿）而受到抑制。

　　此时，大多数新妈妈将通过接受药物注射来分娩胎盘，这是生产过程中第三阶段的标准程序，它可以加速胎盘的分娩并降低新妈妈发生大量出血的可能性。但是，许多女性并未意识到，药物的注射确实会带来一些副作用。轻微的副作用包括恶心和呕吐，还可能影响新妈妈与新生儿亲密关系的建立。更严重的风险是，它可能会影响母乳喂养的成功率。

　　如果分娩过程在某些方面比较复杂（比如产程延长，需要使用产钳或吸盘分娩，或者需要滴注药物来加快或诱导分娩），那么在该阶段接受药物注射对于母亲来说可能是有益的。如果分娩是一个自然、简单的过程，那么注射药物的弊大于利。

2009 年的一项研究发现，在第三阶段采用药物注射与 48 小时后母乳喂养成功率的降低之间有关联。[9]一些专家还假设，使用外源性催产素（即在体外制造的）会抑制人体自身催产素的分泌，特别是大脑内循环的催产素。当你想到催产素在爱情和亲密关系中的重要作用时，你会想到人工催产素的注射会不利于母亲与新生儿建立关系吗？再强调一遍，使用 BRAIN 策略可以帮助你为你的家人做出最好的决定。

8. 黄金时间

想象一下，你刚刚在一个温暖、黑暗的地方待了 9 个月，在那里你接触到的一切都是柔软的。在一个封闭的空间里，你被温暖的水包围着。现在，想象一下大多数婴儿出生时的情况：他们突然之间被抛入一个寒冷而又灯火通明的世界里，经历被毛巾摩擦、在冰冷的塑料或金属秤上称体重、裹上粗糙的尿布并第一次穿上衣服。而面对那些陌生人的气味和触摸，他们又会有什么样的感觉呢？

如果我是一个婴儿，我肯定会选择被包裹在母亲温暖的肌肤中，因为我唯一熟悉的就是母亲的身体和气味。我不想让衣物、尿布、毛巾和帽子来妨碍这种肌肤接触。我想在我习惯了新的世界之后再被别人抱着和称重。在黑暗中生活了 9 个月后，我需要在尽可能暗一些的灯光下让眼睛慢慢适应光线的存在。所以，这时候我当然不想在闪光灯下拍照，而只想在安静而舒适的房间里听父母在我娇嫩的耳朵旁轻声低语。如果你是婴儿，你会选择什么样的出生环境呢？

出生后的第一个小时对建立母乳喂养、安全分娩胎盘（不注射针剂），以及与新生儿建立联系非常重要。如果可能的话，这段时间的环境应该与生产时的环境尽量保持一致。灯光应该仍然是暗淡的，在温暖而安静的环境下，婴儿最好盖着柔软的毛毯躺在妈妈的胸口。

如果你选择母乳喂养，正是在这一小时内，婴儿通过一个被称为"乳房爬行"的过程，学会了将自己固定在乳房上。这是一种反射，帮助新生儿爬向母亲的乳房，开始自己进食。新生儿不需要成人直接将乳房放在他们嘴边——事实上，这可能会阻碍母乳喂养的开始，有时还可能会导致新生儿衔乳困难。为了让新生儿充分发挥自己的本能，应该把他们放在母亲的胸前，让他们自己寻找乳房，这样才能为母乳喂养提供一个良好的开端。此外，由助产士、哺乳顾问苏珊娜·科尔森（Suzanne Colson）提出的"生物养育法"，强调了母亲采用半躺式哺乳姿势的重要性，因为与直坐或侧卧的哺乳方式相比，这样婴儿就不会因为重力而够不着乳房。

在婴儿出生后的第一个小时，应牢记以上所有内容。最好不要让婴儿离开母亲的胸部（即使是去父亲的怀抱），并且要确保他们的联系不会受到任何干扰。从很多方面来说，这一"黄金时间"对于婴儿未来的心理和生理健康都是至关重要的。

9. 断脐

一项由科学家和专业人士进行的研究综述表明，婴儿出生时有三分之一的血液都在他们的脐带中。[10]这种属于新生儿的血液富含重要的营养成分、干细胞和铁元素。因此，在婴儿出生后立即剪断脐带的做法毫无意义，因为这样会使婴儿的一些血液留在脐带里，而不是他们的身体中。出生后过早地剪断脐带，不仅会增加婴儿患黄疸的风险、降低婴儿体内的血红蛋白水平，并且随着年龄的增长，他们缺铁的可能性也会增大。[11]这些作者将他们的发现总结如下："对于健康的足月婴儿来说，采用更宽松的方法来延迟断脐似乎是有必要的，而且越来越多的证据表明，延迟断脐会增加新生儿的血红蛋白浓度和铁元素含量。"除了对婴儿的身体有好处外，延迟断脐还可以通过防止母婴分离来提高黄金时间，这反过来又有助于胎盘的娩出和母乳喂养的开始。

如果你为孩子选择延迟断脐，就要在脐带血明显被排出后再切断脐带。在这种情况下，脐带最初看起来很硬、呈紫色，并有微弱的脉搏（表明有血液循环），直到它变软变白（表明血液已经进入宝宝的循环系统），这个时候才可以进行断脐。平均来说，这从孩子出生那一刻算起大约需要 10 分钟，但也可能需要 20 分钟。许多父母喜欢自己为宝宝剪断脐带，并将此视为一种荣誉。如果你想这样做的话，请连同延迟断脐（如果你这样选择的话）一起，在你的分娩偏好中写出这个愿望。

有些父母选择用柔软的棉线绳或扎带将婴儿的脐带绑起来，认为这些比通常被视作标准的塑料脐带夹更舒适。如果你也想用棉线绳或扎带为宝宝绑扎脐带，最好在生产前与助产士确认一下这里是否有这种带子，或者像许多父母一样自己预先准备好。

最后，一些父母会选择不剪断脐带，而是让其自行脱落，这一过程被称为"莲花分娩法"。这种自然的分离通常发生在婴儿出生后的第 2 天到第 5 天之间。

10. 婴儿喂养

对于一些父母来说，决定如何喂养他们的孩子是一个艰难的选择，而对于其他父母来说这却很简单。使用 BRAIN 策略在这里同样可以帮助到你。

在决定如何喂养宝宝时，要考虑的最重要的一点是，母乳喂养是我们人类正常的生理现象。因此，母乳喂养是衡量所有其他喂养方法的基准。这意味着我们应该考虑到，以一种不适合我们人类的方式喂养，对婴儿和母亲来说是有风险的。选择配方奶喂养的父母必须了解这些风险。

配方奶喂养带来的潜在风险包括：

对孩子：

• 中耳炎（耳感染）

• 肠胃炎

• 肺炎

• 1 型和 2 型糖尿病

• 白血病

• 肥胖

• 婴儿猝死综合征（SIDS）

• 坏死性小肠结肠炎（婴儿肠道组织受感染并死亡的一种疾病）

对母亲：

• 乳腺癌

• 卵巢癌

• 2 型糖尿病 [12]

这些风险增加的确切原因尚不清楚，但普遍的共识是，偏离婴儿喂养规范会破坏婴儿和母亲的自然保护机制。举例来说，当女性母乳喂养的时候，雌激素分泌会受到抑制，但当她选择配方奶喂养时则不会发生。与母乳喂养的女性相比，坚持配方奶喂养的母亲体内的雌激素较高，她们患上某种女性癌症的风险也越大。对婴儿来说，母乳是一种活性物质，里面有抵抗疾病的抗体和"有益"的细菌，它们是组成婴儿免疫系统的重要部分。相反，配方奶缺乏这些特性，不是无菌产品，可能含有导致婴儿生病的有害细菌（因此增加了婴儿患肠胃炎的风险）。配方奶也会引起婴儿的不正常反应。例如，它减少了"活跃"睡眠（浅睡眠状态），使婴儿转向更有可能导致"婴儿猝死"的深睡眠状态。相比之下，母乳喂养的婴儿则长时间处于浅睡眠状态。

　　在决定如何喂养婴儿时，不要让自己被形形色色的婴儿喂养行业的精明营销所左右。配方奶和奶瓶制造商希望你将母乳喂养视为一件痛苦、困难和不方便的事情。为了说服你，他们聘请了健康专家，通过婴儿喂养热线、免费样品、婴儿类节目、杂志和报纸的文章来推销他们的产品。很多时候，你甚至不知道这些专家就是这些行业巨头雇佣的员工。你为什么不相信他们的建议呢？

　　如果你确实打算母乳喂养，一定要在你的分娩偏好中提到这一点。有时，新父母迫于医院的压力会给婴儿使用配方奶，但是在大多数情况下是没有必要的。如果专业人士质疑你的母乳喂养选择，或者在任何时候建议你给孩子补充配方奶，记住在做决定时使用BRAIN策略，并立即向母乳喂养指导师或哺乳顾问寻求建议。即使你的宝宝确实需要额外的营养，研究表明，使用母乳也比使用配方奶更好。[13]世界卫生组织的"婴幼儿喂养全球战略"建议采用以下优先顺序：

　　1. 含着吸的母乳。

　　2. 挤出来的母乳。

　　3. 奶妈的母乳。

　　4. 奶库的母乳。

　　5. 母乳替代品（配方奶）。

　　最后，还要考虑到喂养的实际问题。为人父母之前，许多人认为配方奶喂养更方便，有助于他们获得更多的睡眠。事实上，这很少是真的，相反的情况更常见。在配方奶喂养中，你得确保所有奶具都消过毒，还要使用开水冲泡来杀死配方奶中的细菌，这是一项相当艰巨的任务。当宝宝在半夜哭闹的时候，你不得不起床给他冲奶粉，这通常会导致每个人的睡眠时间都更少。研究表明，与配方奶喂养的父母相比，母乳喂养的父母有更多的睡眠、更好的睡眠质量，而且母亲产后抑郁和疲惫的风险也更低。[14]

如果你选择用配方奶或挤压出来的母乳喂养你的宝宝，以一种自然、温暖、以婴儿为主导的方式是完全可能的。在下一章中有一些技巧可以帮助你做到这一点。

对养育方式做出明智的选择

你会成为一个权威型的家长吗？这无疑是最适合温和养育的风格。在养育方式上，你的伴侣和你意见一致吗？

你和伴侣将如何应对在整个晚上多次醒来的宝宝？如果幼儿无视你的要求，你该如何应对？你将如何应对初为人父母的疲惫？你如何满足自己和孩子的需求？这些都是你在孩子出生之前应该考虑的重要问题。

当然，你现在还不能为所有可能发生的事情做计划。但是，许多新父母发现，孩子出生后他们一下子陷入了水深火热之中，每天筋疲力尽，以至于根本没有时间和精力去分析和比较各种育儿观念。所以，一开始就和伴侣进行研究和沟通，可以免去未来的很多压力和焦虑。

从怀孕到宝宝出生，运用温和养育的七个 C

在怀孕、生产和产后的整个过程中，你该如何实施温和养育的七个 C ？

Connection 联系

怀孕期间，做什么事情能帮助你与宝宝建立联系呢？玩游戏、读书、唱歌或者与子宫里的婴儿交谈都是很棒的选择。这样的话，婴儿出生时就能识别出父母的声音，而且，在怀孕期间唱歌也会有助于分娩。用石膏制作一个"孕肚模型"也是一种理想的方式，可以让你专门花一些时间与成长中的婴儿相处，你还可以每天抽时间去想象他们的样子。同时，也要考虑到如何帮助你的宝宝在出生后与你保持亲密的联系，以便开启良好的亲子关系。记住"黄金时间"和"肌肤接触"的重要性。

Communication 交流

婴儿出生后的最初几个小时都应该用来交流。刚出生的婴儿就具有令人难以置信的交流能力，他们可以通过观察我们的脸甚至模仿我们的动作来与我们交流。注意观察宝宝的早期交流，并思考你自己的交流问题。尽可能地帮助他们保持出生后环境的安静和平静。留意宝宝的暗示。哭是一种交流，可能是他们对所经历的事情不满意的信号。

Control 控制

让你的宝宝在出生时拥有控制权的最好方法是让他们在准备好了的时候出生。如果你的妊娠是健康的，请考虑使用 BRAIN 策略来评估后期引产分娩的利弊。记住，引产分娩不是自然的方式；只有在母亲的身体和婴儿都准备好了的情况下才能自然分娩。其他任何方法，无论使用的方式多么"自然"，都是非自然的分娩。

Containment 包容

安抚宝宝情绪的最好方法是"拥抱"和"亲亲"。没有什么比紧紧抱着更能向新生儿表达"我爱你"的信息了。即使他们还是哭闹不止，你的手臂和爱抚也会缓解他们的不安。

Champion 支持

你是宝宝最好的保护者。在宝宝出生时，你就需要考虑到他们的情感和心理需求。在这里，运用 BRAIN 策略同样可以帮助到你。所有的一切都符合宝宝的最佳利益吗？当涉及分娩环境时，你要成为宝宝的支持者——周围的环境对他们来说够温暖吗？灯光会不会太亮了？身边是不是太吵了？人会不会太多了？如果你觉得有些事情会对宝宝不利，一定要勇敢地提出改变的要求。

Confidence 自信

作为充满期待的新手父母，帮助你建立自信的最好方法之一就是创建交流群，让你周围的人和信息来启发你，让你获得力量。如果有人让你怀疑自己的能力或信念，不要害怕和他们保持一定的距离。

Consistency 一致性

在怀孕、分娩和产后初期，保持一致性的最好方法之一是写下、参考并使用你的分娩偏好。在特殊情况下或者当分娩环境与你的想象有所偏差时，这一点尤其重要，因为这很容易让人偏离方向。

第三章

怀孕的第四阶段——0~3个月

生命就是生命，和个头大小没有关系。

——苏斯博士（Dr Seuss），影片《霍顿与无名氏》

人类的新生儿可能是最不适合在子宫外生活的哺乳动物了，因为在他们出生后的数月内，需要完全依赖父母来满足他们的所有需求。新生儿的大脑和身体在快速发育和成长的过程中，需要时间来适应外界的环境。在这个转变过程中，他们需要父母来确保他们的身心安全。对于父母来说，满足孩子的身心需求，并尽可能地减少他们哭闹时间的最简单的方法，是把孩子出生以后的前12周看作"怀孕的第四阶段"（妊娠分为三个阶段）。在这三个月里，父母应该尽可能地为孩子模仿"子宫内"的生活。

为了充分理解新生儿从子宫内到出生后生活发生的巨大转变，我们将这两种环境做了详细的对比。从表中可以看出，新生儿在短短几个小时内所经历的巨大变化。

表 1　子宫内外环境对比

孕期的环境	出生后的环境
每天 24 小时都处于黑暗当中	每天至少 10 小时的自然光，夜间是人工照明
母亲体内的声音和外部低沉的声音	晚上通常是一片寂静，白天却有各种响亮、意想不到而又变化多端的声音
温暖、舒适的恒温（平均 37℃）	变化的温度，时冷时热
通过脐带获得持续的营养，没有饥饿或口渴的概念	经常口渴和饥饿
非常局限的空间	周围有很大的活动空间

（续表）

孕期的环境	出生后的环境
生活在羊水里	生活在空气中
被母亲的子宫包裹着，与母亲的身体长期接触	一天中只有几个小时被抱着，很多时间都是一个人躺着，和母亲没有身体的接触
光溜溜的	穿着衣服
周围的一切都是温暖的、柔软的	周围的一切都是冰冷的、坚硬的
嗅觉在水中受到抑制	每天能闻到许多新气味

这些信息揭示了婴儿的子宫世界和我们生活的世界之间的巨大差异。你能想象一出生就失去自己所熟知的一切是多么可怕吗？在子宫里，婴儿的世界是恒定的，没有任何改变，但是，他们出生后的每一天都是不同的，充满了各种变化。也许最重要的变化是，从与母亲持续的身体接触到24小时内很少接触。这个转变是新生儿最难以适应的地方，往往也是新手父母最纠结的地方——他们发现，大多数新生儿只有在大人将他们抱在怀里的时候才会快乐。

在我们的社会中，大家总是想尽一切办法让我们的孩子尽可能地安静下来，鼓励他们独立，避免"溺爱"他们。但是，新生儿需要被抱在怀里，就像他们需要吃奶一样。这是一种生理和心理上的需要。我们不需要鼓励他们独自入睡，认为独自入睡可以教会他们自我抚慰的观念是错误的。因为自我抚慰的能力是一个极其复杂的心理过程，需要数年的时间才能获得。它依赖于大脑的发育，而孩子只有到了学龄期以后甚至更晚些时候才会有这种能力。所以，在孩子的幼年时期，需要我们通过安抚来帮助他们调节情绪。对于新生儿来说，这意味着要尽可能地与他们保持密切的身体接触。

新生儿安抚技巧

牢记"第四阶段"的概念非常重要，有很多技巧可以让暴躁的新生儿冷静下来。但是要记住，每个婴儿都是不同的。有些技巧对你和你的婴儿会很有效，而另一些则可能不那么有效。通常情况下，父母需要综合多种不同的方法才能使婴儿感到安全和平静。

运　动

婴儿在子宫里的时候，几乎一直在不间断地运动（即使在母亲一动不动的情况下）：布拉克斯顿·希克斯收缩（宫缩）会在怀孕末期经常挤压婴儿；呼吸会让他们轻微地摇晃；走路会让他们轻轻地晃动，而上下楼梯则会导致更剧烈的摇晃。与躺在婴儿床、婴儿车或游戏垫上的安静状态进行对比，我们就会明白，为什么大多数新生儿被摇晃时都会更快乐。除了摇晃之外，新生儿通常还喜欢被父母抱着跳舞、左右摇摆或者在分娩球上蹦蹦跳跳，以及被父母抱着出去散步或坐车去兜风。只要新生儿的头部和颈部得到了很好的支撑，就不要害怕带着他们一起运动。

肌肤接触

与父母直接肌肤相触，对新生儿来说有一种神奇的作用。它不仅有助于稳定宝宝的体温、心率和应激激素，还能刺激婴儿和父母体内催产素（爱的激素）的分泌，从而促进双方建立情感联系。

肌肤接触也是父亲与新生儿建立亲密关系的好方法，比如一起洗澡、给婴儿做一些按摩。参加婴儿按摩班是结识新朋友的一个好方法，但即使你没有学会特定的技巧也能够愉快地、温柔地抚摸你的新生儿。只需用一种温和的食用植物油（如有机葵花籽油）涂在你温暖的手上（摘掉首饰），然后小心翼翼地、慢慢地把油擦到婴儿的皮肤上。一定要仔细观察婴儿的反应，只要他们享受这种按摩，就继续进行下去，注意避开他们的肚脐区域。一旦他们不开心了，就要停下来，然后抱抱他们。

同居共眠和同床共眠

许多人都分不清同居共眠和同床共眠的区别。同居共眠意味着和婴儿一起睡在同一个房间里，而同床共眠则意味着和婴儿一起睡在同一张床上。

为了降低婴儿猝死综合征的风险，所有婴儿至少在出生后的头六个月内要与父母同居共眠。人们认为，这主要是由于以下三点：首先，父母离得近意味着婴儿更容易被唤醒（如果父母感觉到不对劲，他们可以很快地叫醒婴儿）；其次，父母发出的声音和动作有助于防止婴儿长时间进入与婴儿猝死综合征相关的深睡眠状态；最后，父母呼出的二氧化碳有助于促进婴儿呼吸。

然而，只有在遵循非常明确的安全准则的情况下，与宝宝同床共眠才是可行的，这只适用于某类特殊的家长（见下文）。而且，这个选择应该是经过所有家庭成员充分讨论和共同策划之后做出来的。以下这份指南，可以帮助你在与宝宝同床共眠时尽可能地减少风险：

• 母乳喂养的婴儿更适合与母亲同床共眠，如果婴儿是配方奶喂养，与他们同床共眠可能会不安全。因为一般来说，母乳喂养的母亲在夜间对婴儿的警觉性更高，她们通常会将婴儿放在与乳房同高的位置并采用侧卧式睡姿（参见第53页上的图片），而采用配方奶喂养的母亲可能没那么警觉，通常也不会采用这种睡姿。其次，母乳喂养的婴儿比配方奶喂养的婴儿睡得更轻。最后，配方奶喂养增加了婴儿患上婴儿猝死综合征的风险，因此最好不要再做任何可能增加这种风险的事情。

• 父母双方都不应该抽烟，母亲在怀孕期间就不应该抽烟。

- 不管是在白天还是晚上，父母双方都不应该饮酒。

- 父母都不应该使用娱乐或处方药物，包括产后止痛药。

- 父母都不应该因为"太累了"而在夜间无法醒来。

- 婴儿绝对不能睡在父母中间。因为只有母亲才有这种特殊的能力——可以很容易地被婴儿唤醒，所以她应该总是睡在伴侣和婴儿之间。

- 一定要确保床的表面足够硬，不要和婴儿一起睡在沙发、豆袋床或水床上，也不要使用海绵床垫，因为它们太柔软了，而且在制造的过程中可能使用了化学物质。

- 为了防止婴儿从高处滚落到地板上，如果可能的话，让他们睡在铺着床垫的地板上或蒲团式的床上。

- 把所有的枕头都离婴儿远一点。他们的头部应该与母亲的乳房处于同一高度，而不是齐着母亲的头部。此外，要将羽绒被和毯子远离宝宝，以防止窒息（许多妈妈为了保暖，会穿着连体衣或睡袍睡觉）。

- 给宝宝穿上合适的衣服，确保他们不会过热。

- 母亲应该侧身躺着，用身体形成一个保护婴儿的框架。

- 如果婴儿很小或是早产，可以考虑为其提供一个独立的睡眠区（一种特殊的开放式共睡婴儿床——见下文）。

- 如果母亲明显超重或肥胖，应考虑与婴儿分开睡。

与婴儿同床共眠的一个很好的选择是在父母的床旁边放一张特殊的婴儿床，与父母的床连在一起。这样婴儿不仅可以有自己的空间，而且他们睡得离母亲很近，周围也没有婴儿床的栏杆来限制他们与母亲的接触或亲近。

在安全的情况下与婴儿睡在同一张床上，对每个人来说都是一个获得更多睡眠的好方法，因为婴儿和母亲睡在一起，通常会更安静，也更容易入睡。据估计，60%~70% 的父母会在某个时候与他们的宝宝同睡一张床，而这些情况中有许多都是计划外的。出于这个原因，了解与宝宝同床共眠

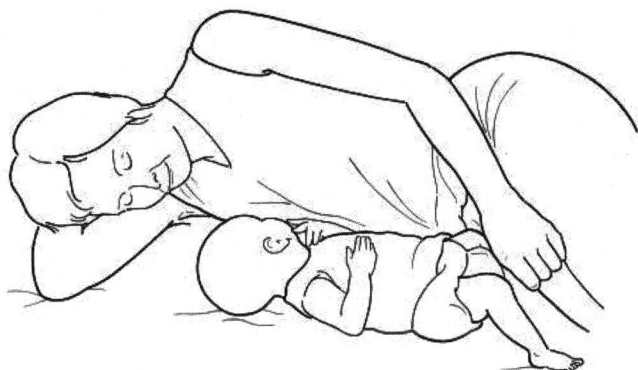

的安全指南是很重要的，即使你不打算这么做，因为有一天你很可能发现自己和宝宝一起迷迷糊糊地睡着了。

许多父母担心，一旦他们让宝宝在自己床上睡个一两次，他们将不得不一直这样做，这样宝宝将无法学会独立，但研究表明，事实并非如此。[15] 满足新生儿的需要并培养他们是确保你的孩子在成长过程中保持自信和独立的最好方法。让孩子在他们小时候依赖你并不是一个坏习惯——这对整个家庭都有好处。

襁褓

在妊娠末期，婴儿紧紧地蜷缩在子宫里，几乎没有任何活动的空间。然而，一旦出生后，他们就可以任意地活动手臂和腿脚，尽管动作还不怎么协调，他们也能体验到周围世界的空间。然而，这种新的自由和空间却常常会让宝宝们感到不安，也许是因为他们怀念子宫的温暖怀抱。解决这个问题的最好办法就是把宝宝抱在怀里，当你需要把他们放下的时候，可以用襁褓把他们包裹起来。

用襁褓包裹新生儿已经流行了几千年。然而，如果你选择这样做，一定要遵循一些重要的安全准则，以避免增加你的宝宝患上婴儿猝死综合征的风险。此外，如果你选择母乳喂养，在开始给宝宝裹襁褓之前，应首先确保你们之间已经建立起良好的喂养关系，并注意不要错过他们早期的饥饿信号。以下是给宝宝包裹襁褓时需要注意的安全准则：

- 千万不要将襁褓盖在宝宝的头上或靠近宝宝的脸部。

- 一旦宝宝生病或发烧，千万不要用襁褓包裹。

- 确保宝宝不会过热，用透气、轻薄的织物做襁褓。

- 当宝宝可以翻身或者 14 周大的时候（以较早者为准），将襁褓拿掉。

- 一定要让宝宝躺着睡。

- 不要将宝宝的胸部包得太紧。

- 不要将宝宝的臀部和腿部包得太紧，要确保他们的腿可以自由活动。

- 确定喂养方式后应尽快给宝宝裹襁褓，但是，如果 3 个月大的宝宝之前没有用过襁褓，就不要再给他们包裹了。

简单的五步襁褓包裹技巧

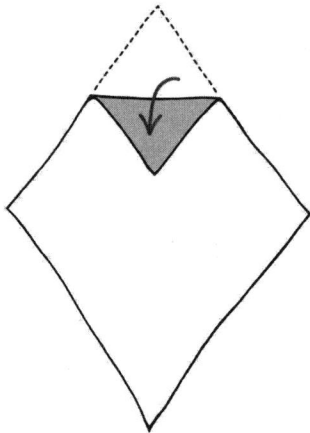

1.将襁褓的顶端向下折叠成一个三角形。

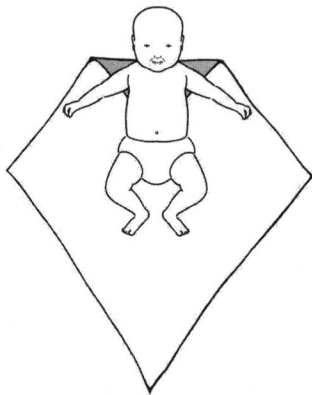

2.将宝宝平放在襁褓上，使他的脖子处于折痕的位置。

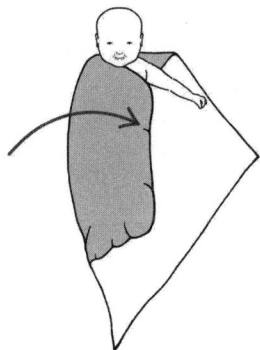

3.将宝宝的右手臂平放在身体右侧，拉起襁褓的左边角向右裹，把宝宝的左手臂露在外面，将襁褓超出宝宝身体的部分压在宝宝身后。

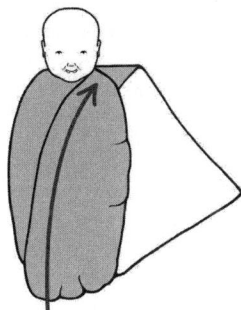

4.将宝宝的左手臂平放在身体左侧，将襁褓的底端拉到宝宝的左肩处，并将超出的部分压在宝宝的肩膀下面。

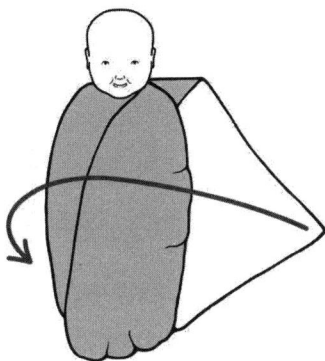

5.把襁褓的右边角拉到左侧，并将超出的部分裹到宝宝背后加以固定。

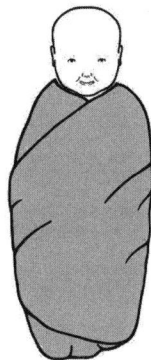

6.确保宝宝胸部和臀部比较宽松，只要将手臂和腹部裹紧即可。

背　巾

把婴儿放在柔软的托架或织物吊带（很多人称之为"婴儿背巾"）里，既可以让婴儿得到他们渴望的与你持续的身体接触，同时也能让你的双手自由地做自己想做的事情。这样，被携带的婴儿就有更多的时间处于一种被称为"安静的警觉"的状态，而在这种平静满足的状态下，他们学习的效果是最好的。研究还发现，婴儿在 6 周大的时候，通常是哭得最凶的时候，一天中被持续背着的时间越长，他们哭泣的时间就越短。[16]

如果你想带着宝宝，使用一个好的托架或背巾是很重要的。它应该让宝宝和穿戴者都感到舒适，同时对宝宝的脊柱进行支撑，也不会对其生长中的臀部施加任何压力。最好选择那种可以让宝宝面朝内侧、双腿呈"M"形（如下面左图所示）、脊柱能被支撑呈自然的"C"形（如下面右图所示）的背巾。

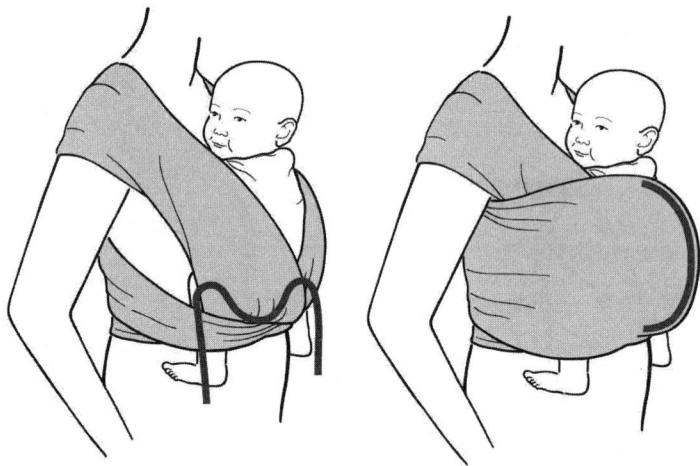

这就需要一个宽大的"座椅"（seat），以便在正确的生理位置上支撑宝宝的臀部，而不给他们造成任何不必要的压力。宽大的"座椅"对宝宝和穿戴者来说都会更舒适。用背巾携带新生儿的最自然的方式就是将其抱在胸前。尽量避免让宝宝面朝外坐着，这样既不利于他们保持正确的姿势，也会给他们和你造成压力和不适。一旦宝宝感到疲劳，面朝外的姿势也会让他们更难"关掉"这个世界。

用背巾携带婴儿时需要注意以下安全事项：

• 确保宝宝的呼吸道始终是畅通的，任何时候都不要让宝宝的下巴挨着他们的胸部。以直立的姿势抱着宝宝通常是让他们的下巴离开胸部的最简单的方法。

• 确保宝宝一直在你的视线内，并定时检查他们。确保他们的头部离你足够近，以便于监护。

• 检查宝宝的体温，并确保其在携带中不会过热。

• 确保你的背巾通过了所有的安全测试，并在使用前检查它是否有损坏。

• 任何时候都要使用一种能支撑起宝宝的头部、颈部和脊柱的背巾。

• 确保你的背巾能紧紧地抱着宝宝，不要让他们滑落到织物里，以免呼吸受阻。

许多人把背巾视为一种只有在外出时才会使用的工具，但其实它在家里也可以发挥很大的作用，尤其是在婴儿需要尽可能多的亲密接触和安抚的夜晚。

姿　势

一些父母选择让宝宝侧卧或趴着睡觉，但这是应该避免的，因为这会大大增加宝宝患婴儿猝死综合征的风险。1990 年，让婴儿"仰卧睡眠"的指导方针发布后，1992 年婴儿猝死综合征的死亡人数比 1989 年减少了一半以上。[17] 研究还发现，趴着睡觉的婴儿死于婴儿猝死综合征的概率是仰卧的婴儿的 6 倍。[18]

不过，当婴儿在子宫里的时候，他们从来不会平躺着。所以，在他们清醒的时候，能以一种更自然的姿势待着，会让他们感觉更平静。许多宝宝受益于"肚肚时间"，当你躺在床上和宝宝说话时，把宝宝放在你的肚子上，或者你俩面对面地躺在地板上，这些都是很好的亲子活动，也有助于增强宝宝的核心肌群及头部和颈部肌肉。宝宝们还喜欢被大人用水平的姿势抱着。下面这个来自婴儿瑜伽的"老虎在树上"的姿势，具有神奇的效果，能让宝宝瞬间停止哭泣。

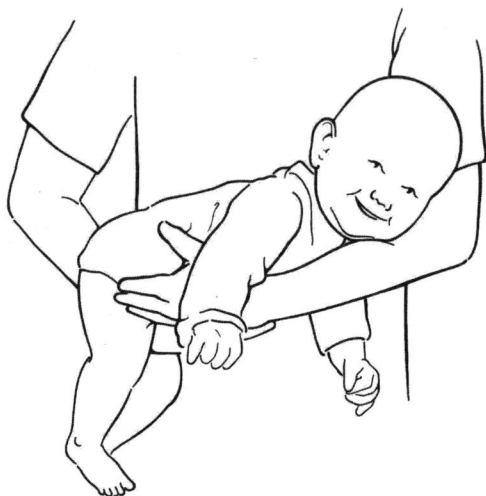

噪 音

在子宫里，婴儿习惯了外界低沉的声音和来自母亲体内的声音。出生后，这个既安静又嘈杂的世界会让他们感到不适。夜晚也许是最安静的，这时，婴儿可能会因为少了他们在子宫里听到的噪音而感到不安。这时候，适当音量的白噪音——他们在哭声中能够听到的音量，但不要太大——无论是收音机的声音，还是白噪音应用程序或 CD，都可以起到帮助作用。许多父母会本能地对新生儿唱歌或低声耳语，研究表明，这些摇篮曲能让他们平静下来，有助于调节他们的神经系统。[19]

喂　养

喂养，尤其是母乳喂养，不仅仅是为了营养——也是为了舒适，毕竟他们在子宫里时从未感到过饥饿和口渴。在早期让新生儿遵循他们的需要随时进食，可以帮助他们更快地养成进食的习惯，同时也能让他们尽可能地保持平静。此外，吸吮还可以帮助婴儿的颅骨在出生后恢复到正常位置，所以频繁的喂食也有助于他们的身体健康。

婴儿主导的配方奶喂养

喂养是建立亲子关系、增进彼此感情的一段时间，配方奶喂养完全有可能以一种自然的、以婴儿为主导的方式来进行。下面的建议可以帮助你在心理上和生理上更好地做到这一点。

无视时钟

通常，人们进行配方奶喂养时会严格按照时间表来进行。但其实不必如此，因为要做到按需喂养很容易。可能刚开始你很难反应得那么快，因为你得把奶冲好并将其控制在合适的温度，这需要时间。然而，只要你提前做好计划并密切观察，就可以了解到宝宝的饥饿信号（尤其是早期的饥饿信号，如不断地扭动身体和翻找），这样，在宝宝大哭（这是后期的饥饿信号）之前你就可以快速地做出反应。当你的宝宝饿了的时候，闹钟、奶粉罐或书都不能告诉你这个信息。只有你的宝宝才能告诉你。

盯着孩子而不是瓶子

只有你的宝宝才知道他们什么时候喝够了奶。从配方奶的包装上你可以大概了解到他们可能喝的奶量，但这只是一个参考。你的宝宝可能在一次喂食时特别饿，而在另一次喂食时却不怎么饿。注意宝宝的饱腹信号（手变软并张开、身体开始放松，入睡、打嗝或溢奶），并仔细观察他们什么时候喝够了奶。不要为了让他们喝完一瓶奶而试图让他们多喝。

进行一些肌肤接触

母乳喂养提供了美妙的肌肤接触，这能让宝宝变得更聪明、更冷静，不过在配方奶喂养时你同样可以做到这一点。解开上衣的一些扣子或者把上衣掀起来，然后把宝宝抱在胸前，让他们的脸贴在你裸露的肌肤上。这不仅适用于妈妈们，其他喂养宝宝的人也可以这样做。

让宝宝主导吃奶的过程

在母乳喂养过程中，一般是在婴儿决定含住乳头时开始喂奶，而配方奶喂养通常是从父母直接将奶嘴插入婴儿嘴里开始的。其实，你可以试着把奶嘴紧贴着宝宝的脸颊，等他们转过身来，自己将奶嘴含在嘴里。同样，当你感觉宝宝想要把奶嘴从嘴里推出来时，马上把它拿出来，等他们再次把奶嘴含住时再重新开始。

专注

当你的宝宝吃奶的时候，花点时间体会当下。静下心来抱着他们，和他们交谈，抚摸他们的腿和胳膊，闻一闻他们的头，感受他们在你臂弯里的重量，从日常生活中抽出时间来享受这一时刻。你的孩子很快就会长大，而这些甜蜜的、早期的喂养时光将被遗忘。当你在喂宝宝的时候，不要试图处理其他事情，如查看短信、邮件或打电话等，要把喂养当作与宝宝进行情感沟通和滋养身心的重要时刻。

让宝宝处于一种更直立的姿势

在给宝宝喂奶时，很多人喜欢让宝宝平躺在自己的膝盖或手臂上。与此相反，刚出生的婴儿在接受母乳喂养后，人们往往会将他们竖直地抱着，认为这样可以降低宝宝耳部感染的概率。让宝宝保持足够直立的一个很好的经验是，使奶瓶与地面保持平行。

尊重宝宝的停顿

当宝宝在接受母乳喂养时，他们往往会先吃一会儿，然后停下来休息一下，四处看看，然后再开始吃一会儿，再停下来。宝宝用奶瓶吃奶时你也应该这样做：在满足了他们的即时饥饿感后，鼓励他们停下来和你"聊天"，互相微笑、拥抱等。每隔5~10分钟，你可以轻轻揉搓他们的背部或移动位置，也可以改变宝宝躺着的方向（即从用左臂抱着换到用右臂抱着）。

使用慢速奶嘴

慢速奶嘴可以让宝宝更好地控制乳汁的流动。

水

出生前，婴儿一直生活在母体的羊水中，周围是 37℃的温水。所以，想象一下，出生后被 18 ~ 20℃相对寒冷的空气包围着，他们会感到多么奇怪。当新生儿哭闹的时候，和他们一起洗澡，让他们在温暖的水中待着，同时被父母抱在臂弯里，这种方法往往像魔术一样，可以真正帮助他们完成这一过渡，除此之外其他任何办法都无法起到作用。

0~3 个月宝宝的大脑发育

新生儿刚出生时的大脑只有成年人的四分之一大小，其能力和行为都相当原始，尽管他们的脊髓和脑干——对生存起着重要作用，维持人体的生命特征（呼吸、体温调节、循环控制等）——已发育良好。但是新生儿的边缘系统和大脑皮层——大脑中负责情绪和思维过程的部分——还非常不成熟。那么，这是否意味着新生儿还不能学习呢？从某种意义上来说，确实如此。

虽然新生儿可以通过一种被称为"习惯化"的过程来适应事物，比如狗叫的声音，但这并不意味着他们对此已经有了深刻的理解。他们没有认识到狗并不可怕，不会对他们的生命构成威胁，他们只是习惯了这种声音，不再被它吓到。他们的大脑当然不能学会"自我安慰"或管理。

新生儿具有一系列的原始反射，它们由大脑皮层以下的神经中枢参与完成。这些反射包括莫罗反射（或惊跳反射）、乳房爬行（见第40页）、"行走"反射（如果将新生儿直立起来，他们就会做出向前"行走"的动作）、抓握反射（婴儿可以紧紧抓住你的手指）和"追踪"反射（婴儿的眼睛会随着物体移动）。这些反射都有助于婴儿的生存，并能确保他们基本动作的平稳。因此，当宝宝没有和父母的身体进行接触的时候，他们这种反射性的哭声是很重要的，可以确保他们被抱在怀里并得到安全的保护。另外，宝宝刚出生时的视力和成年人的视力是不一样的。当他们被抱着的时候，他们的视力刚好可以看清对方的脸（距离他们20~25厘米左右），这将是他们头三个月的主要关注点。

常规和时间表

"常规"指的是在每天大致相同的时间做同样的事情，而"时间表"则是父母人为安排的，很少会考虑到婴儿的需要。在新生儿出生后的头三个月，最好是由婴儿主导。这意味着父母要尽可能多地关注宝宝，留意他们对于饥饿和疲劳的暗示。为了让你的生活有一些可预见性，试着让宝宝按照时间表来生活似乎很有吸引力，但这可能会阻碍母乳喂养，并导致宝宝的大哭和不安。

婴儿刚出生时，还没有白天和黑夜的概念，他们在头三个月里一直都是如此。作为成年人，我们都是在白天进食，但是新生儿在晚上需要的食物和白天一样多，而且往往还会更多，因为晚上没有什么东西能分散他们的注意力。这种按需喂养（即允许他们在吃饱时停止进食，也允许他们在饥饿时开始进食）是很重要的，不仅可以增加哺乳妈妈的乳汁供应，而且可以帮助婴儿按照自己的进食节奏开启健康的饮食之旅。让婴儿按需进食，是他们开始认识自己的饱腹感过程中的一个重要部分。研究表明，按需进食的婴儿长大后肥胖的可能性较小，而且进一步的研究还表明，按需喂养而不是按计划喂养，会使婴儿大脑的认知能力得到更好的发展。[20]

如何辨别宝宝的饥饿和疲劳？

如果你是根据婴儿的提示来喂养，那么识别他们早期的饥饿和疲劳信号是很重要的。不同的婴儿所发出的信号是不同的，但是以下这几点通常是婴儿们普遍的表现方式。对于这两组信号，最好在它们升级为哭闹之前做出反应，因为哭闹是饥饿和疲倦的晚期表现。

早期的饥饿信号包括：

• 张开和闭合嘴巴

• 把头转向一边，不断寻找

• 从沉睡中醒来

• 扭动和伸展身体

• 把手放到口中

早期的睡眠信号包括：

• 厌恶的目光

• 摸头或耳朵

• 打嗝

• 剧烈的肢体动作，特别是手臂

• 哼哼唧唧或发出"哦"的声音

• 打哈欠——尽管这是一个相当晚的信号

肠绞痛和哭闹

尽管大约四分之一的新生儿会被诊断为"肠绞痛",但实际上它并不是一种医学疾病。肠绞痛是指婴儿因不明原因而经常哭闹的一种症状。在许多情况下,婴儿哭闹可能是因为家长对第四阶段缺乏了解、婴儿对食物过敏或不耐受(如牛奶蛋白过敏)或者是喂养问题(如宝宝舌系带过短、衔乳困难或分娩时的残余影响导致婴儿不适)。

"韦塞尔标准"(以对不明原因的哭闹进行研究的儿科医生的名字命名)是用来判断婴儿是否患有肠绞痛的一个诊断标准,根据该标准,患有肠绞痛的婴儿每天哭闹超过 3 小时、每周超过 3 天、持续时间超过 3 周。

如果你有一个非常不开心的宝宝,最好从寻找哭闹的原因开始对症下药,而不是试图用药物来掩盖问题。希望下面的流程图可以帮助你消除关于宝宝哭闹和肠绞痛的各种担忧。

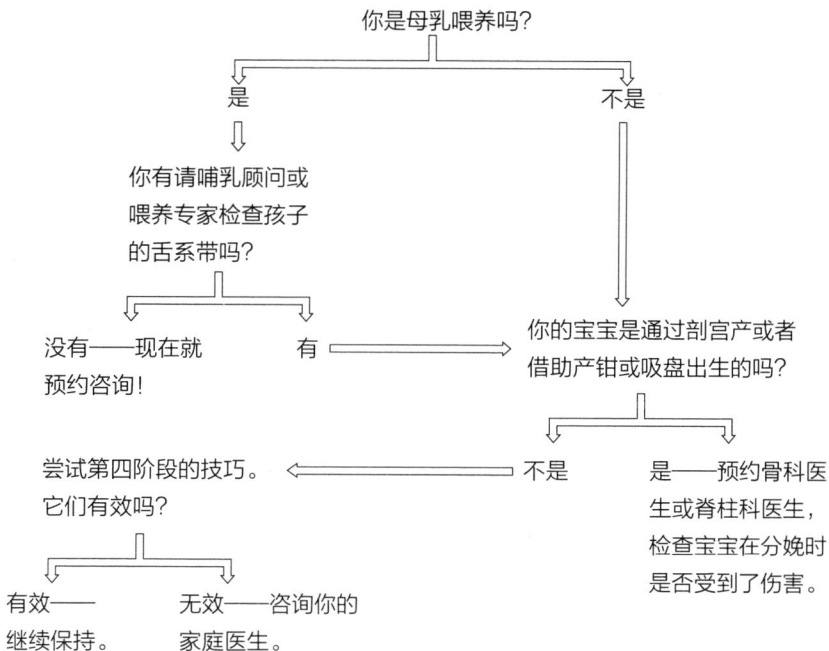

你是母乳喂养吗?

是　　　　　　　　　　　　不是

你有请哺乳顾问或喂养专家检查孩子的舌系带吗?

没有——现在就预约咨询!　　　有　　　　　你的宝宝是通过剖宫产或者借助产钳或吸盘出生的吗?

尝试第四阶段的技巧。它们有效吗?　　　　不是　　　是——预约骨科医生或脊柱科医生,检查宝宝在分娩时是否受到了伤害。

有效——继续保持。　　　无效——咨询你的家庭医生。

当你无法让宝宝停止哭泣的时候

温和养育并不意味着可以拥有一个从不哭泣的孩子，或者能够立即制止孩子的哭泣。它意味着在宝宝哭泣的时候，如果你已经尽了最大的努力还是没有阻止他们的眼泪，这个时候你要保持冷静、富有同情心，做出积极的回应，并陪伴在他们身边。

很多父母都会觉得，如果不能让宝宝停止哭泣，他们就是失败的。然而，事实并非如此，因为那些能够在宝宝无法抑制的泪水中陪伴在他们身边并尊重他们的人，都是一些最温和的人。作为父母，虽然你当下的目标可能是让孩子停止哭泣，但更远大的目标是要坚强地接受孩子的挫折并帮助他们渡过难关，无论他们是 10 天还是 10 岁大。

新生儿的睡眠

你对新生儿的睡眠有什么期待？这里的答案相当简单：不是很多！正如我们所看到的，直到他们出生后的第三个月结束，新生儿才会有昼夜的概念。作为控制我们成年人睡眠的昼夜节律或先天生物钟，要在宝宝 12 周后才开始发挥作用。这意味着新生儿不会像成年人或大一点的婴儿或儿童那样，能对光线的存在或消失做出反应。在最初的几周内，我们可以预料到婴儿会频繁地醒来并且在白天和晚上都需要进食（通常是晚上居多）。

你无法加快宝宝昼夜节律的发展，但是在清晨散步时让宝宝暴露在自然的阳光下，在白天保持光线充足，在晚上保持光线暗淡，这些都可以促进宝宝的发育。

在照明方面，重要的是不要在晚上使用普通的夜灯或灯泡。大多数婴儿和儿童夜灯或灯泡发出的白光和蓝光波长会使大脑认为现在是白天，并会抑制褪黑素（睡眠激素）的分泌。天黑后最好能确保宝宝周围没有灯光，但是如果你在夜间需要借助灯光来给宝宝喂奶和换尿布，那就使用低瓦数的发红光的小夜灯。红光不会抑制褪黑素的分泌，所以不会妨碍宝宝的睡眠。

以下是我从一位新生儿母亲那里收到的关于宝宝睡眠的问题，以及我对她的建议。

问：我11周大的宝宝晚上每次睡觉都不超过3个小时。他一直不愿意吃奶瓶，但我们还是坚持不懈。你有什么其他的建议吗？

答：如果你的儿子每次都能睡上3个小时，他的睡眠真的很好了。这对一个11周大的宝宝来说是很不寻常的。他目前还处于第四阶段，正在适应子宫外的生活。他的生物钟还很不成熟，几乎不知道昼夜的区别。因此，你现在最好的选择就是等待，要知道这对于他的年龄来说很正常，随着他年龄的增长，一切都会改变。最终，他的身体会意识到他应该在晚上睡得多，白天睡得少，他的睡眠自然会延长。

如果你正在母乳喂养，不管出于什么原因想要给宝宝喝牛奶或配方奶，使用一个特殊的开盖杯可能比使用奶瓶更容易取得成功。但是，如果你试图用奶瓶来让他睡得更久，则不大可能产生积极的效果。如果你在晚上给宝宝喝的是之前储存的母乳，你的宝宝就会错过你在晚上分泌的母乳中所含的所有诱导睡眠的化学物质。如果你给宝宝吃的是配方奶，研究表明，这真的没有多大区别，而且在你儿子这个年龄，使用配方奶喂养的父母并不会比母乳喂养的父母有更多的睡眠。并不是所有的婴儿都是由于饥饿而醒来，你的儿子也会为了得到你的安慰和身体接触而醒来。

另一半的角色

在最初的几周内，新生儿的需求主要由母亲来满足。但这并不意味着父亲没有事情可做，因为他们的角色也非常重要。父亲在此期间的三大职责如下：

1．保护空间

把自己当成一个保镖，牢牢守卫着家里的大门。将那些可能会给你的新家庭带来不利影响的人拒之门外，这些人可能会给你们带来压力或焦虑，也可能太过吵闹或捣乱。将访客挡在门外几周，可以让你们有充分的时间来休息和了解彼此。

2．支持和帮助母亲

如果母亲在母乳喂养，尤其需要注意。通过支持、鼓励和理解，你可以极大地提高母乳喂养成功的可能性。

准备好当地支持组织的联系方式，必要时与他们取得联系，确保母亲吃饱喝足，鼓励她尽可能多休息。

3．在不喂食的情况下建立联系

这与上述观点密切相关。当新手爸爸看着新手妈妈挣扎着给孩子喂奶时，他们可能会觉得难以忍受，并认为"只要一个奶瓶"就能解决所有的问题，但他们不知道，这可能标志着一场滑坡的开始。仅仅一瓶奶就可以对宝宝的肠道菌群产生很大的影响，也可能导致一个又一个无法停下的问题，从而对母乳喂养的开始产生不利影响。在这里，你能做的最好的事情就是联系一个母乳喂养支持组织。当然，"给宝宝一个奶瓶以增进感情"的古老神话也是错误的。除了喂奶，与宝宝建立联系的方式还有很多。这包括每晚和宝宝一起洗澡，用背巾带着他们去散步（从而给妈妈一个打盹儿的机会），给他们按摩、读故事或者唱歌等。

在0~3个月，运用温和养育的七个C

在宝宝出生后的头三个月里，该如何实施温和养育的七个C呢？

Connection 联系

这三个月是了解你的宝宝、帮助他们适应子宫外的生活的关键时期。你和宝宝对彼此日益增长的依恋，是他们长大后变得自信和独立的最好预兆之一。在怀孕期间，你的宝宝一直被抱着，他们不知道被"放下"或独处是一种什么感觉。在最初的几个月里，你的陪伴和怀抱可以使他们平静下来。当然，肌肤接触是与宝宝建立联系的最好方法。不要忘记，将宝宝放在背巾里，不仅可以帮助你们建立联系，还可以在你真正需要做事情的时候为你腾出双手。

Communication 交流

啼哭是宝宝与外界交流的主要方式，所以在最初的几个月里，理解他们的哭声才能更好地满足他们的需要。然而，请记住，哭泣并不是宝宝唯一的交流方式——在升级为哭泣之前，他们通常会用很多的身体暗示来表明自己的饥饿和疲倦。观察和解读这些早期的迹象，可以让你更有效地帮助孩子。

Control 控制

这里的控制是指以宝宝为主导：按需喂养，让宝宝在准备好了的时候睡觉，遵循宝宝的饥饿和疲倦信号，而不是按照制订的时间表来执行。作为新手父母，这样做不仅能让你在头几个月过得更轻松愉快，同时也能为宝宝建立起良好的生活习惯。

Containment 包容

在最初的三个月里，包容就是要接纳宝宝的眼泪。即使你不知道他们为什么哭，在不管你怎么做他们还是哭的时候，保持对他们的回应并抱着他们。如果你试过了所有方法都不管用，那么面对宝宝哭泣的最好方法之一就是尽可能地照顾好自己，承认你现在的主要甚至最重要的工作就是为人父母，给自己做好心理建设。这时候，可以从你新组建的社交群中寻求帮助。不要急着打扫房间，也不要急着为收到的任何礼物写感谢信，可以等一等再欢迎客人来家里看望小宝宝。

Champion 支持

你和你的伴侣是孩子唯一的守护者。如果客人想抱你的孩子，而你觉得孩子不愿意被人抱来抱去，不要害怕拒绝客人抱孩子的要求。如果你没有足够的自信大声说出来，那么用背巾背着孩子会是一个很好的预防方法。

Confidence 自信

对初为父母的人来说，自信可能是最难的。你马上就会被扑面而来的建议淹没，你在一本书中读到的内容会与你在另一本书中读到的内容相矛盾，而这些又会与你在杂志中读到的内容相矛盾。健康专家给出的建议通常也会互相矛盾，尤其是在宝宝喂养方面。这时候你就应该想到BRAIN 策略（见第 32 页），尤其是其中的"直觉"。如果你觉得被推荐的东西不对，那就不要采纳，要相信自己的直觉。同时请记住，在你学习的同时，你的宝宝也在学习，你们会一起成长。对于宝宝来说，你们已经是最好的父母了。

Consistency 一致性

在最初的几周，保持一致性也是一个棘手的问题。在很多情况下，你需要非常灵活的方法，因为在解决孩子问题的时候，第一天有效的方法在第二天可能就行不通了。但是，在这个阶段，你需要做的就是坚持使用其他六个 C！

第四章

婴儿早期——3～6个月

我们在孩子身上灌输的东西将成为他们建立未来的基础。

——史蒂夫·马拉博利博士（Dr Steve Maraboli），作家、科学家

3~6个月是最美妙的一段时光：你在第四阶段的努力付出得到了回报，宝宝开始有了暖人心窝的咯咯笑和哈哈大笑；你的宝宝对这个世界有了更多的了解，成了一个很好的伙伴；肠绞痛和哭闹明显减少；而且，你对自己的育儿能力更有信心了。在这个阶段，父母通常会积极参加各种婴儿团体和课程，有了孩子后，他们开始变得更善于交际了。

随着宝宝的身体发育，在这一阶段结束时，父母将开始为他们引入固体食物。同时，这也是许多母亲开始考虑重返工作岗位的时候，育儿准备工作可能是这个年龄段的首要任务。本章将介绍断奶的准备工作和温和的育儿方式，以及适合宝宝年龄的娱乐方式。我们还将讨论宝宝在长牙期间可能会出现哪些症状、如何更好地帮助宝宝应对，以及在这个时期宝宝的大脑和睡眠模式的变化。

宝宝的娱乐

婴儿娱乐行业正在蓬勃发展（在互联网上搜索"婴儿课程"一词会得到近二十万条结果），家长们常常觉得，参加课程不仅可以让孩子开心，还能促进他们的成长。事实上，这些看法都是不对的。

婴儿天生具有社交能力。从出生的那一刻起，他们就更喜欢看人的脸，而不是其他任何物体。所以，在现实生活中，你就是孩子发展社交技能所需要的一切。宝宝需要知道的关于社交互动的一切，都会在你们每天的交流中自然而然地发生。共享一份微笑、相互凝视、本能的躲猫猫游戏、拥抱和爱抚，以及模仿对方的面部表情，这些都是最基础的社交。这种触觉、听觉和视觉的双向交流被称为"交互社会化"，描述了父母和孩子之间的对话或"舞蹈"，它能使成年人的社交技能和孩子一样得到提高。研究表明，这段与父母而不是与其他孩子在一起的时间，对宝宝社交技能的发展以及他们长大后与其他孩子的互动至关重要。[21]

这并不是说大量的婴儿课程没有什么好处，但是，它们中的大多数都是为父母开设的，而不是为孩子。很多父母从参加不同的婴儿团体中获得了巨大的收益，这可以成为他们新团体的一部分（一个宝贵的支持网络），同时也为他们提供了一些与其他成年人交往的好机会。

然而，对于其他父母来说，婴儿团体或课程并不是很吸引人。如果你也这么认为，请放心，不参加这些课程，你的孩子也不会错过什么。

记住，对你的宝宝来说，一切都是新鲜的。把宝宝放在婴儿背巾里逛商店对你来说可能很平常，但对你的宝宝来说，这里充满了丰富的景象和声音，这一切都在不断地刺激着他们的感官。正如医生和教育家玛利亚·蒙台梭利（Maria Montessori）所说："我们对孩子的关心，不应该是为了让他学东西，而是应该努力让他的内心始终燃烧着那道被称为智慧的光芒。"[22] 培养宝宝天生的好奇心，并不意味着要教会他们各种各样的新技能，而是要让他们按照自己的节奏自由地探索世界。

那么，你该如何帮助宝宝保持天生的好奇心呢？父母们每天都会通过以下方式自然而然地、无意识地这样做。

玩耍

在婴儿出生之前，我们就已经开始和他们玩耍了，我们会揉搓怀孕的肚子或者轻轻地戳一下肚皮上突出的肢体来感受宝宝的反应。玩耍从婴儿出生的那一刻起就自发地进行着。模仿面部表情和玩躲猫猫都是我们在不知不觉中做出的行为。游戏教会了孩子很多东西，包括轮流玩耍，随着他们的成长，这将成为一项重要的社交技能。

言语和语言

研究表明，婴儿在出生前就开始习得语言了。[23] 他们从一开始就有说话的能力，而在他们的语言学习中，最重要的因素就是与父母的互动。通过日常的交流，我们教宝宝说话，教他们了解音乐和节奏，以及谈话和转换的艺术。我们并没有有意识地去做这些事情——这一切都是自然而然发生的，根本不需要用卡片、课程或 DVD 课程来帮助我们。这种与婴儿的日常互动和我们使用的"妈妈语"或者"婴儿式谈话"是语言习得的基础。在"妈妈语"中，我们会自然而然地提高声调，拉长声音，放慢语速，并对我们的语言进行调整，通过运用短句、短词和简单的内容使之与孩子的年龄相适应。"妈妈语"也非常依赖眼神交流，研究表明，婴儿对眼神交流有天然的偏好，这有助于他们获得语言技能。[24]

日常用品都是玩具

对婴儿来说，日常用品的吸引力不亚于任何昂贵的玩具。20 世纪 80 年代，儿童护理专家埃莉诺·戈德施米德（Elinor Goldschmied）提出了"启发式游戏"（heuristic play）的概念。"heuristic"一词来源于希腊语，意为"发现"，是指让孩子通过探索"现实世界"中的物体来发现他们周围的世界。戈德施米德认为，婴儿会"吮吸、抓握、触摸和感觉物体，反复练习这些行为有助于培养他们早期的学习能力"[25]。（在后面的"藏宝篮"中，我们将进一步探讨这个问题。）

来自环境的刺激

当婴儿被"抱在怀里"时，他们的脊柱、头部和颈部会变得强壮起来，他们也会通过与人的安全接触来了解周围的环境。每次你带宝宝出门，无论是去远处旅行还是在当地的公园里散步，宝宝都会接触到许多新的声音、景象和气味。一定要确保你的宝宝能够以自己的速度去成长和学习，并且在他们不知所措的时候能够"关掉"刺激。当你带着宝宝在外面散步的时候，可以让宝宝面朝着你，让他们体验周围的世界，而当一切变得太过复杂时，他们就会闭上眼睛，向你靠拢。

重要的是要明白，什么样的环境最能激发宝宝天然的好奇心，使其学习效果最好（即与父母接触的自然环境），什么样的环境会过度刺激宝宝并让他们根本无法"逃脱"——例如，将宝宝放在电视机前的椅子上，保持这种固定的姿势对宝宝尚未发育完全的肌肉和关节来说很吃力，他们还要被迫盯着吵闹、明亮的电视机屏幕而无法离开。

藏宝篮

启发式游戏最常见的形式是"藏宝篮"。这并不一定是一个传统的篮子——可以是一个盒子或一个袋子，只要方便宝宝拿取即可——它应该包含日常生活和大自然中发现的物品。这些物品通常是我们成年人不屑一顾的东西，但对宝宝来说，它们确实是宝贝。藏宝篮最适合那些可以独立坐着的宝宝，当然，对于那些在你的帮助下能够自己坐着或者可以坐在你腿上的宝宝来说，它们也很合适。

你可以买到现成的藏宝篮，但真的没有必要，因为自己亲自采购里面的物品很有趣——而且价格也便宜很多。篮子里应该有一些能够刺激宝宝感官的东西，所以要考虑到它们的气味、感觉和声音。安全始终是第一位的，一定要确保里面的任何物品都不会让宝宝有窒息或吸入的危险，并且没有可能对宝宝造成伤害的尖锐边缘。和所有的玩具一样，当宝宝在玩他们的藏宝篮时，要有人在场看管。

常见的藏宝篮物品包括：

- 天然海绵
- 一些丝质布料
- 一个糕点刷
- 一些有光泽的布料
- 一个刮勺
- 一些皱巴巴的织物
- 一个搅拌器
- 一个用胶带封住并装有干面片的塑料容器（可摇动）
- 一个铃铛
- 一把指甲刷
- 一串钥匙
- 一支画笔
- 一个旧的钱包或皮夹
- 一根大羽毛
- 一个有盖子的小盒子
- 一个大贝壳
- 一颗松果

你的宝宝真的已经长牙了吗？

婴儿第一颗牙齿长出来的平均年龄是在 6 个月左右，很多婴儿直到一周岁后仍然没有长牙。然而，有些人天生就有牙齿，所以有很多可能性。

对大多数婴儿来说，不停地流口水、把手放进嘴里、睡眠不规律和行为举止暴躁等都是 3～6 个月大时的正常反应，而不是出牙的标志——不管有没有牙齿，这些都是他们的正常生理现象。在3～6个月大的时候，婴儿开始产生更多的唾液淀粉酶（唾液中含有的一种能将淀粉转化为糖的酶），为断奶后吃固体食物做准备。在这个年龄段，他们通常会流很多口水（许多宝宝需要戴上围嘴来避免引起湿疹），但是，这并不是出牙的征兆。口腔是一个非常敏感的地方，一个3～6个月大的宝宝会开始探索所有的物体（包括他们自己的手），把它们直接放进嘴里。这并不表示他们的牙龈痒痛或是准备吃固体食物了，而是通过咀嚼嘴里的东西，在牙龈的帮助下来了解这些物体的特性。

在这个年龄段，频繁的夜醒就像哭闹一样，是很正常的。同样，这些行为都是由于宝宝的正常发育引起的，以后会自然消失。它们都不是出牙或准备断奶的迹象。

那么，出牙的真正标志是什么？

研究表明，以下是出牙的真实症状：

- 哭泣　　· 没有食欲
- 发烧　　· 流鼻涕
- 腹泻　　· 皮疹
- 瘙痒　　· 抓耳朵[26]

进一步的研究还表明，父母认为出牙的许多症状，如夜醒和流口水，实际上也不能预测出牙。[27] 关于出牙的错误诊断，最令人担忧的问题之一是许多父母过度使用药物。研究发现，在婴儿时期使用扑热息痛会增加孩子日后患湿疹和哮喘的风险。[28] 同样，许多婴儿止痛药中含有可能导致多动症和睡眠紊乱的人工添加剂，主要的罪魁祸首是E102（柠檬黄）、E110（日落黄）、E122（偶氮玉红）和E124（胭脂红）。婴儿止痛药可能很容易从药店里买到，但它们仍然是药品，它们和其他药品一样具有风险。因此，婴儿止痛药应该谨慎使用，而且只有当潜在的好处大于风险时才可以使用。市场上有许多天然的和可替代的治疗方法，包括顺势疗法和草药疗法，尽管缺乏临床证据表明它们的疗效，但许多父母发现它们确定很有帮助。

准备引入固体食物的标志

21 世纪初，断奶的标准做法是让宝宝在 16～20 周之间开始吃固体食物。从那时起，科学认识有了突飞猛进的发展。现在我们知道，最好是等到宝宝 6 个月左右，准备好摄取和消化乳汁以外的食物时再为其断奶。尽管如此，研究表明，约有 40% 的婴儿过早地吃上了固体食物。[29]

在婴儿出生后的头 3 到 4 个月里，他们的饮食还不需要唾液淀粉酶（一种可以使他们的身体将淀粉转化为糖的酶，以便将食物转化为能量）。这种酶从宝宝出生后的头几个月便开始产生并逐渐增加，在宝宝 5 到 6 个月时达到与成年人相当的水平。只有在这个时候，宝宝才能将淀粉类食物（如谷类、水果和蔬菜）中的营养成分转化为能量。如果婴儿在此之前就开始吃固体食物，他们对营养的吸收会大大降低，并可能导致他们出现腹泻、便秘和胃痉挛等。此外，过早断奶还会增加宝宝患上肥胖症、腹腔疾病、糖尿病和湿疹的风险。

人们普遍认为，在宝宝的饮食中加入固体食物可以改善他们的睡眠质量。虽然在某些情况下这可能是真的，但研究发现，在宝宝的消化系统尚未发育成熟之前就引入固体食物可能会导致睡眠恶化。[30]

除了消化能力的准备，宝宝从断奶到吃固体食物还需要一定的身体发育做基础，具体包括以下几点：

• 宝宝应该能够保持坐姿，必要时可以借助支撑物，并且能够保持头部稳定。

• 宝宝应该能够协调自己的眼睛、手和嘴，也就是说，他们应该能够看着食物，亲手拿起来并把它放进嘴里。

• 宝宝应该能够吞咽食物。还没有准备好的宝宝往往会用舌头把食物往外推（挺舌反射，大多数宝宝在 6 个月大的时候会失去这种能力）。

当你准备给宝宝引入固体食物时，可以参考第五章介绍的各种断奶方法。

3～6 个月宝宝的大脑发育是什么样子的？

这个年龄段是宝宝感官发育的关键时期，尤其是视觉和听觉。在这段时间里，宝宝大脑皮层的突触密度迅速增加，尤其是在听觉皮层，这意味着大脑正忙着建立新的神经联结，特别是大脑中与听觉相关的部分。此外，随着宝宝视力的显著提高，大脑中负责视觉处理的部分显示出大量的新陈代谢活动。海马体体积——大脑中负责空间意识和记忆的区域——在这个年龄段也会增加，再加上宝宝不断增强的视觉能力，他们已经能够识别人，尤其是他们的父母。

相比之下，额叶是相对不活跃的（记住，这是大脑中发生复杂思维过程的部分，比如假设、理性和分析性思维）。因此，你的 3～6 个月大的孩子的思维能力仍然远远达不到成年人的水平，尤其是当涉及调节自己的情绪或复杂的思维时，比如操纵他人行为的能力。

3～6 个月宝宝的睡眠应该是什么样子的？

在 3～6 个月大的时候，宝宝的昼夜节律开始建立起来，这意味着你可以期待他们在晚上比白天睡得更多。然而，夜间醒来仍然很常见，大多数宝宝——尤其是那些母乳喂养的宝宝——仍然需要几次夜间喂养。在这个阶段，宝宝将在 24 小时内平均睡 14 个小时，并且可能在白天平均会有 3 次小睡。他们的睡眠周期仍然比成年人要短得多，因此可能每 45 分钟到 1 小时就会醒来一次。事实上，研究表明，在这一时期结束时，只有 16% 的宝宝能正常地睡上一整夜。[31]

从婴儿猝死综合征方面来考虑，宝宝仍然需要和你睡在一起，也就是说，他们应该和你共用一个房间，直到这段时间结束。

4 个月的睡眠倒退

当你刚刚从第四阶段的迷雾中走出来，宝宝的生理机能已经发展到足以让他们区分出白天与黑夜时，一个常见的睡眠倒退发生了，如果不是非常频繁的话，他们开始每小时醒来一次。对你来说，这可能是一个巨大的打击，特别是如果你的宝宝已经开始适应了他们的喂养方式并形成睡眠规律时。

一些家长担心是他们做错了什么事情才造成了这个"问题"。但实际上，这种情况是正常的，也很常见。从发育的角度来说，很多事情都发生在 4~5 个月大的时候。处于该阶段的婴儿对周围的世界有了更多的认识，然而他们的身体在某种程度上却跟不上大脑的发展，这让他们几乎永远处于沮丧的状态。此外，这种转变也会让他们感到非常困惑和不安。因此，让宝宝生活中的其他一切尽可能保持不变是有道理的，这样就不会让他们的生活发生更多的变化。你可能会觉得这个阶段会永远持续下去，你的宝宝很难再像之前那样睡整觉了。但其实这个阶段很快就会过去——通常在 4~6 周左右。在那之前，尽你所能地提供安慰就可以了。

在3~6个月，运用温和养育的七个C

在宝宝3~6个月大时，你该如何实施温和养育的七个C呢？

Connection 联系

这个年龄段的宝宝需要和你建立一种安全的依恋关系，这样他们才会有信心及时地走进外面的世界。记住，此时你的宝宝不需要外界的刺激，也不需要通过课程或团体来进行社交；和你在一起，做日常的事情，才是最重要的。你的宝宝的大脑正在快速发育，但仍然非常原始。他们还没有能力养成坏习惯或操纵你，所以不要害怕，尽可能多地抱抱他们：催产素对你们俩都有好处——它真的能促进大脑发育！

Communication 交流

现在，你可能在理解宝宝的不同暗示和信号方面有了更多的经验。他们的身体动作或特定的哭声可以帮助你更好地了解他们的需求，从而减少他们哭闹的时间。但请记住，哭泣仍然是他们交流的主要方式。有时候，不管你怎么努力，还是无法理解他们的需求，这也没有关系。你们之间的交流——这种彼此回应的"舞蹈"——随着年龄的增长，将有助于他们社交能力的培养。

Control 控制

在这个年龄段，以宝宝为主导意味着仍然要按需喂养——这包括在宝宝准备好的时候再引入固体食物，而不是在你的朋友、家人或专业人士告诉你的时候。夜间喂养在这个年龄段仍然非常重要，现在满足宝宝夜间的需求可以帮助他们以后在夜间变得更加独立。

Containment 包容

宝宝在这一时期会发生很多变化。他们会进入让家长难以应付的发育"猛长期"，常见的表现主要有非常黏人、烦躁不安和睡眠倒退。在这个年龄段，无论是在晚上还是白天，你都不应该鼓励宝宝独立，而是要理解和同情宝宝，要在这个不断变化的世界里成为你宝宝"稳定不变的陪伴者"。

Champion 支持

在这个年龄段支持你的宝宝，意味着在别人问"他乖吗？"或者"她睡得好吗？"的时候为宝宝辩护。在有了四个孩子之后，我发现对这些问题最好的回答就是简单地告诉别人他们想听的话："是的，他很乖"，或者"是的，她睡得很好"。这样你就可以避免很多扑面而来的、不受欢迎的关于早期断奶或睡眠训练的建议。但是，如果你用真相来回答上面这些问题的话，许多建议就会随之而来。

Confidence 自信

我经常发现，父母在开始这个阶段时都非常有信心。这时候宝宝的肠绞痛和哭闹已经过去，他们的宝宝开心地笑着，睡眠也变得更好了，他们终于知道自己到底在做什么了。然后到了 4~5 个月的时候，宝宝的睡眠开始倒退，父母的信心骤降。但是请记住，出现这种情况任何人都没有错。宝宝的这种行为和睡眠的改变是正常的，也是意料之中的。这不是你养育的问题，睡眠倒退终将过去——当它过去时，希望你能重新找回自信。

Consistency 一致性

在这个年龄段，为了改善宝宝的睡眠，父母通常会开始实施睡前程序，比如给宝宝洗澡、按摩、讲故事和在黑暗的房间里喂食。睡前程序确实会对宝宝的睡眠有很大的影响，但需要坚持一段时间后才能生效。现在开始养成良好的就寝习惯，将在未来几个月内得到回报。所以一定要坚持下去，在培养宝宝睡眠习惯方面，保持一致性非常关键。

第五章

婴儿晚期——6~12个月

像接受大自然中的树木那样去接受你的孩子吧！
不带期望、也不掺杂你的欲望那样去接受；
因为孩子之于我们，就像是生命赐予的礼物。
我们从不期望大自然的树木按我们的欲望去改变，不是吗？
爱孩子，如他们所是，而非我们所想。

——伊莎贝尔·阿连德（Isabel Allende），作家

你的宝宝现在长得很快，变成了一个迷人、有趣、快乐的小家伙。在这个年龄段，宝宝会发生很多令人兴奋的变化：开始吃固体食物、开口讲第一句话、爬行、扶着东西走，有时甚至能独自走路。不过，这也是一个苦乐参半的时期，因为对许多母亲来说，这意味着她们的产假结束，即将重返工作岗位，同时也意味着在一天中的很大一部分时间里，她们的孩子都将交由别人照顾。

在这一时期即将结束时，很多父母都震惊地发现，他们的宝宝的睡眠再次倒退到了接近新生儿的水平，他们快乐、活泼的宝宝变得黏人而焦躁不安，除非让宝宝一直依偎在母亲的怀里。分离焦虑是一个正常而健康的发展阶段，但它很难把控，尤其是在母亲重返工作岗位的时候。

断奶，开始吃固体食物

在这个阶段，你的宝宝很可能已经准备好开始吃固体食物了。这是一段非常有趣的时光，你可以更多地了解到宝宝喜欢什么、讨厌什么，但请记住，他们只是在学习吃固体食物，他们需要时间来完成从液体饮食过渡到以固体食物为主的转变。我能给你的最好的建议是不要着急，尽可能地享受和宝宝在一起的体验，并以他们的步调和兴趣为主导。

哪种断奶方式最适合你和你的宝宝？

无论你为宝宝选择哪种断奶方式，以宝宝为主导总是最好的方式。传统断奶方式添加的泥糊状食物，可能会很耗费时间，也很昂贵，尤其是如果你还要为此购买专门的料理机、储存罐、蔬菜蒸锅，等等。这种断奶方式是先用勺子喂宝宝吃以蔬菜、水果和谷类为主的泥状食物，然后再逐渐添加更多的块状果泥和附带的"手指食物"。然而，它背后的前提是有缺陷的。这种观点源于婴儿在生理上还没有准备好，若早早地在他们的饮食中加入固体食物，婴儿是不能消化的。因此，这些食物必须尽可能地保持液态，以便大人用勺子将它们送进宝宝嘴里。尽管如此，这种断奶方式仍然是当今最流行的。

推出泥糊状婴儿食品是一个相对新颖的想法。在过去，妈妈们会先咀嚼食物，然后再将咀嚼后的食物喂给宝宝。虽然这似乎不太令人相信，但婴儿从一开始就能够处理大块食物或"手指食物"的观点今天依然成立。因此，由吉尔·拉普利倡导的现代"婴儿主导的断奶"运动，在很多方面根本就不现代，因为在之前的大多数时候，婴儿都是这么进食的。婴儿主导断奶的前提是由婴儿自己决定何时开始断奶，并由他们控制进入自己嘴里的食物。

平均来说，婴儿在 6 个月大的时候就能够抓住食物，并把它放进嘴里咀嚼。然而，这头几个月都是婴儿从嗅觉、味觉和触觉等方面对食物的探索时期，而不是对食物的摄取和消化。如果你想以纯婴儿主导的方式将固体食物引入宝宝的饮食中，可能需要几个月的时间，通常直到接近一周岁的时候，他们才能真正吃到合理的量。因此，乳汁仍然是他们饮食中最重要的部分。

从温和养育的角度来看，断奶的方式没有对错之分——最重要的是要由宝宝主导，而非父母。也就是说，让宝宝自己决定何时断奶，让他们主导断奶的步伐，父母要做的是让他们有机会选择吃或不吃哪些食物，接受他们的喜好，并让他们自己选择摄取食物的方式——用他们自己的手或他们自己拿的勺子。

婴儿需要牙齿来吃固体食物吗？

无论你的宝宝是否有牙齿，都不会影响到他们的断奶方式。宝宝不需要牙齿就能吃固体的"手指食物"；他们只用牙龈就能很好地将食物——甚至是肉——磨碎并咀嚼成可以吞咽的糊状。

给宝宝引入固体食物需要做哪些准备？

由婴儿主导的断奶方式所需要的装备比你想象中要少得多。在我看来，以下是必备品：

- 一把高椅子
- 儿童围兜
- 纱布或湿巾

如果你想要给宝宝采用更传统的泥糊状食物断奶，你将需要：

- 可以把食物打成泥的工具
- 储存食物的罐子
- 婴儿喂食匙
- 专门盛放泥状食物的碗

你应该怎样给宝宝断奶？

当开始引入固体食物的时候，你应该继续像往常一样给宝宝喂奶。记住这一点，不管你选择哪种断奶方式，固体食物都不能取代宝宝的奶水喂养，在接下来的几个月里，奶水仍将是宝宝的主要营养来源。

宝宝吃固体食物的时候应该坐直，必要时可以用支撑物来帮助他们，绝对不能让宝宝单独吃东西。选择一个与宝宝通常吃奶不同的时间，在他们清醒又快乐的时候开始。如果你给宝宝提供的是"手指食物"，那就提供足够大块，让宝宝可以很容易地抓住，不要太小，以免他们被噎住。记住要以宝宝为主导——理想情况下，你要坚持让你的宝宝自己去拿食物。当宝宝所有的尝试都失败了，他们嘴里没有吃到任何食物的时候，坐在后面不加干涉确实很难做到，但千万不要因此去帮宝宝拿起食物并放进他们的嘴里。

你可以在大家吃饭的时候给宝宝提供一份食物，因为家庭用餐时间是鼓励他们多尝试的一个好时机。尽量为宝宝提供一份和家人相同的食物，只要这些食物未经加工、没有添加盐、对宝宝来说吃起来不会有危险就可以。继续提供宝宝以前不喜欢或者没有表现出任何兴趣的食物，但不要强迫他们去尝试。对待食物的最好方法是保持中立。为了培养宝宝与食物的良好关系，在他们吃东西时不要带有任何情绪。

最后，在给宝宝吃固体食物的时候，一定要给他们喝水。当然，如果他们不愿意喝也不要担心，尤其是在母乳喂养的情况下。

如果你的宝宝不吃固体食物怎么办？

有些婴儿可能需要几个月的时间才能接受固体食物，尤其是在母乳喂养的情况下。婴儿很少吃或者几周甚至几个月都不吃固体食物的情况也很常见。例如，我最小的孩子直到 10 个月大时才真正对固体食物感兴趣。所以，再次提醒，要以宝宝为主导：不要急于或强迫宝宝吃东西。记住，这一切都是为了让宝宝学习和体验，而不是为了让他们吃多少东西，因为在这个过程中，宝宝开始调动触觉、味觉、嗅觉和视觉来探索食物，掌握身体对进食过程的控制，并了解自己的饱腹信号。即使没有吃到任何东西，宝宝仍然能收获很多。

此外，宝宝很可能会把食物压扁、捣碎或扔掉，而不是吃掉它（婴儿主导的断奶很混乱，这是无法避免的）。所以，除了要有足够的耐心外，你可能还需要准备一些好的长袖围嘴和一块非常大的地板垫。

首推的辅食

以下都是很好的辅食，准备好并提供给你的宝宝吧！

- 胡萝卜（煮熟后捣成泥或切成条）

- 西兰花（掰成小朵，煮熟后捣成泥或直接让宝宝拿着吃）

- 香蕉（捣碎或切成块）

- 牛油果（捣碎或切成块）

- 梨（做成果泥或去籽、去皮后四等分）

- 甜瓜（去皮、去籽后切成大块）

- 苹果（做成苹果泥或煮熟、去皮后四等分）

- 大奶酪块

- 煮熟的青豆

- 红薯（红薯泥或烤熟后切成块）

- 黄瓜条

- 大块的肉，比如鸡肉

- 煮熟的意大利面

- 吐司条

- 粥

- 南瓜（南瓜泥或煮熟后切成大块或条状）

- 芒果（捣碎或切成条状）

要避免给宝宝吃哪些食物？

从健康和安全的角度来看，应该避免给宝宝吃以下食物：

• 加工食品：特别是添加了盐或糖的食品。

• 蜂蜜：它含有一种叫作肉毒杆菌孢子的细菌，这种细菌可以在婴儿的消化系统中生长发育，并能导致肉毒杆菌中毒，这可能是致命的。因此，宝宝在 1 岁以后才能食用蜂蜜。

• 坚果：这个问题还没有定论。至少前 6 个月应该避免给宝宝食用花生，以防过敏；如果你或你的宝宝患有花粉热、哮喘或湿疹，或者你的家族有坚果过敏史，则更有可能出现这种情况（在这种情况下，在将坚果引入宝宝的饮食之前，一定要先咨询医生）。但是，撇开过敏不谈，坚果对宝宝来说会有令其窒息的危险，因此，当宝宝的饮食技能稍微完善一些后再引入它们，才是更好的选择。

• 普通牛奶：在宝宝 1 岁之前，这种牛奶所含有的营养成分还不足以代替母乳或婴儿配方奶，所以此时不应该将其作为宝宝的主要营养来源。杏仁露、米糊、豆浆和羊奶也是如此。

• 婴儿米粉：除了相当不吸引人的稠度、颜色和缺乏味道之外，婴儿米粉经过了高度加工，含糖量高，理想情况下应该完全避免。它几乎没有任何营养成分，而且最令人担忧的是，它可能含有有毒物质砷。砷通常天然存在于稻田的土壤中，如果发生洪水，它就会渗入稻米中。虽然目前立法已经规定了水中可接受的砷含量，但食物中可接受的砷含量尚未有明确的规定，由于婴儿比成年人小得多，大米中潜在的砷含量对他们来说危害可能更大。因此，在确立安全等级和相应的立法之前，避免食用婴儿米粉可能是明智之举。

外出时如何喂固体食物？

只要稍做准备，就可以很容易地做到在外出时给宝宝喂固体食物。当你离开家的时候，香蕉可能是最好的"快餐"，当然，你也可以带一些切碎的其他水果或蔬菜。当你外出就餐时，如果你精心选择的食品足够健康和安全，就可以从自己的盘子里取出一部分提供给宝宝。出于这个原因，当你外出时，以婴儿为主导的断奶方式反而是一个更容易的选择，因为你不需要再考虑是给他们提供包装食品还是加热果泥的问题。

如果你的宝宝在托儿所怎么办？

这是许多家长普遍关心的问题。如果你选择了以婴儿为主导的喂养方式，不要害怕要求托儿所遵循你的断奶方法，即使这与他们通常的做法不同。记住，你向他们支付了服务费，所以你有权要求你真正想要的服务。这也许是在断奶问题上你能为宝宝辩护的最好方式。

什么时候应该断奶？

"断奶"一词在这里很让人困惑，因为从字面上来看，它意味着从你的宝宝身上拿走一些东西。然而，当你把固体食物引入到宝宝的饮食中时，你是在添加一些东西，而不是要切断他们的主要营养来源——奶。因此，在宝宝的饮食中加入固体食物并不意味着他们应该断奶。

那么，什么时候是断奶的最佳时机呢？答案很复杂，却又极其简单，概括起来就是：当你们双方都愿意的时候。也就是说，断奶的决定应该是由你和宝宝共同做出的。大多数孩子会在 2 ~ 5 岁的某个阶段自行断奶。有些孩子完全是自愿提前断奶的，但通常提前断奶的原因是母亲怀了另一个孩子、暂时性哺乳期危机、仿真奶嘴的使用、开始日托或父母强制断奶。你会知道你的宝宝什么时候准备好了，因为到时候他们会拒绝你给他们喂奶，也不会再要求吃奶。

孩子是否已经过了母乳喂养的年龄？

当今社会的普遍观点是，母乳喂养应该在 6 个月左右停止，这通常与婴儿长出第一颗牙齿并开始吃固体食物的时间一致。许多人认为，从营养学的角度来看，过了这个年龄段就没有母乳喂养的必要了。另一种普遍的看法是，过了这个年龄段继续母乳喂养对孩子是有害的，会扼杀他们的独立性，使他们一直处于婴儿期，或者让他们有受到同龄人欺负的可能。事实上，在现代西方社会，人们对母乳喂养的容忍度非常低，英国媒体经常报道一些哺乳的母亲被要求遮挡或离开场所以免冒犯其他顾客的事件。这种情况通常针对的都是那些正在哺乳小婴儿的女性，由此可见，当地对母乳喂养的容忍度几乎为零。然而，在其他地方，如印度、西非国家和菲律宾，人们认为母乳喂养到 3 岁或 3 岁以上是完全正常的。

我认为重要的是要明白，许多用母乳喂养较大婴儿或孩子的母亲往往不会设定她们想要断奶的年龄。时间过得很快，你没有注意到你的宝宝在成长，直到你突然意识到他们现在已经 2 岁、3 岁或 4 岁了，而母乳喂养作为日常生活中非常重要的一部分仍在继续。母乳喂养不仅仅是为了营养，它对孩子来说是一种美妙的安慰，意味着在过完 1 岁生日后他们还没有长大。有趣的是，很多"天然的母乳喂养者"（通常用来指那些母乳喂养到宝宝自行断奶的父母）表示，正是母乳喂养让他们的孩子轻松应对了许多疾病和出牙期。

母乳喂养对大一点的婴儿或孩子来说有什么好处吗？

婴儿期过后，母乳喂养对宝宝的健康依然有很大的好处，因为母乳是很好的营养来源。在 1~2 岁之间，每天只需 2 杯（或 448 毫升）母乳，就能满足孩子 29% 的日常能量需求，43% 的日常蛋白质需求，36% 的日常钙需求，75% 的日常维生素 A 需求，94% 的日常维生素 B12 需求和 60% 的日常维生素 C 需求。[32]

自然的长期母乳喂养对母亲也有好处，母乳喂养时间的延长可以防止各种形式的癌症[33] 和骨质疏松[34]。

最后，那些在长期母乳喂养中得到持续安慰的孩子，非但不会出现诸如黏人、依赖他人等心理问题，反而能更有安全感、更自信地成长。[35] 他们通常也更聪明。[36]

什么时候应该戒掉奶瓶？

与母乳喂养一样，奶瓶喂养的婴儿从喂养过程中获得了极大的安慰，而父母们往往很难知道什么时候该让他们的孩子戒掉奶瓶，转而使用杯子。许多医生建议宝宝应在 9～18 个月之间尽快戒掉奶瓶，尽管根据 2011 年在美国进行的一项研究表明，四分之一的幼儿在 2 岁时仍然经常使用奶瓶，约 5% 的幼儿在 5 岁时仍在使用奶瓶。[37]

科学家发现，2 岁还在使用奶瓶的幼儿在 6 岁时更容易发胖。同样，长期使用奶瓶会增加孩子蛀牙和牙齿畸形的风险。[38] 考虑到这一点，6～12 个月是向宝宝介绍杯子的理想时间，从而慢慢减少他们对奶瓶的使用，最终在孩子 2 岁前将奶瓶完全淘汰。在你的宝宝开始吃固体食物的那一天，以及喝水的时候，是引入杯子的最好时机。当他们能在这些时候愉快地使用杯子时，你可以在他们白天小睡前用杯子来给他们提供牛奶。最后，一旦你的宝宝习惯了在白天使用杯子，你也可以用杯子为他们提供睡前奶。在这期间，阻止他们晚上抱着奶瓶入睡有助于切断奶瓶和睡眠的联系，让他们在晚上使用杯子变得更容易。

戒掉安抚奶嘴

一些父母（尤其是那些使用配方奶喂养的父母）发现，在最初的几个月里使用安抚奶嘴确实有帮助。然而，当宝宝快到 6 个月的时候，我发现使用它们所引发的问题远比其解决的问题要多得多，尤其是在睡眠方面。如果宝宝依赖安抚奶嘴来睡觉，那么当奶嘴掉出来的时候，宝宝就会出现频繁的夜醒。所以，如果你的宝宝还在使用安抚奶嘴，现在是让他们戒掉的好时机。

我首选的戒掉安抚奶嘴的方法是，第一步，确保你的宝宝在平静的时候不要使用安抚奶嘴。也就是说，一旦安抚奶嘴让他们平静下来不再哭闹时，就应该将其拿开。当他们睡着的时候，我喜欢从白天的小睡开始，每隔一天左右就早一点把安抚奶嘴拿掉。比如温和断奶的第一天，在宝宝睡着 10 分钟后将安抚奶嘴取下来，几天后，在他们睡着 5 分钟后就将其取下来，依次类推到 2 分钟、1 分钟。下一步是在他们入睡几秒钟后就把安抚奶嘴取出来，直到你能在他们昏昏欲睡和清醒的时候移走奶嘴。这时，试着在白天完全移除奶嘴。然后，在晚上遵循同样的步骤。整个过程可能需要 2～6 周的时间，而且要慢慢地、温和地进行，不要引起宝宝的哭闹或不安。

分离焦虑

你可能会注意到，宝宝进入这个阶段以后变得更加黏人了，一旦你离开房间几秒钟他们就会哭闹，或者要求你一直抱着。这就是所谓的分离焦虑，是婴儿心理发展的一个正常阶段，通常在 8～18 个月大的时候开始。在宝宝出现分离焦虑时，很多父母都会自我怀疑，他们不知道为什么宝宝会变得这么没有安全感，但实际上这是一个健康的信号。这并不表明你的孩子没有安全感，恰恰相反，这说明你在养育孩子方面做得很好。

要理解为什么分离焦虑是一件好事，我们需要从宝宝出生时的想法和感受开始。新生儿不知道自己是一个独立于父母的个体，他们在 6 个月左右才开始明白这一点，通常在 9 ~ 12 个月之间达到顶峰。因此，分离焦虑的发展表明，你的宝宝已经对你形成了一种安全依恋：他们意识到你和他们是独立的个体，但你在帮助他们感到安全和受到保护方面是极其重要的。

20 世纪，心理学家约翰·鲍尔比（John Bowlby）和玛丽·安斯沃斯（Mary Ainsworth）提出了依恋理论。他们的研究使我们认识到，儿童真正独立和自信的开始，源于他们在婴儿期对父母的安全依恋，或者正如鲍尔比所说，这是他们的"安全基础"。衡量安全依恋的最好方法之一是观察婴儿在父母面前是否感到舒适，而当父母离开时婴儿是否会非常不安。然而，在我们的文化中，这被认为是不可取的和"黏人"的行为，许多专家和专业人士都急于迫使婴儿尽快独立，并错误地认为这是可以教的。但这是不可能的。真正的独立不是通过奖励、惩罚和被迫分离来学习的，它源于幼年时与照顾者之间充满爱和安全感的关系。这就是你的宝宝在这个分离焦虑期学到的东西，也是为什么在这个时候保持反应如此重要。所以，这绝对不是进行睡眠训练的时候，比如，这只会让宝宝知道：当他们需要你的时候，你不会回来。

应对分离焦虑的绝招

• 理解宝宝的感受是非常重要的。试着将此作为宝宝成长过程中的一个正常阶段（尽管是一个可怕的阶段）去理解，他们并没有试图以任何方式操纵你。如果你在分离焦虑期以同理心来养育孩子，不仅你的孩子长大后会更有同理心和自信，养育孩子对你来说也会更容易、更有成就感。

•忽略那些告诉你婴儿需要学会独处的建议。

• 如果可能的话，考虑一下产假结束的时间。在英国，许多妈妈会在生产 8~10 个月后重返工作岗位，但因为分离焦虑的存在，这可能是最糟糕的时期之一。你能把重返工作的时间推迟一两个月吗？或者，在分离焦虑到来之前，考虑让你的宝宝接受托儿服务，以便他们能够与新的照顾者建立亲密的关系。

• 试着培养孩子与其他人的安全依恋关系。就像与父母之间一样，宝宝还可以与祖父母、阿姨、叔叔、保姆、保育员或托儿所的工作人员建立起这种安全依恋关系。你只需要在分离焦虑开始之前将这些关系建立起来。

• 给宝宝一件你的衣服让他们抱着，让他们觉得好像你就在他们身边。你可以用喷有你的香水的薄纱，或者你经常穿的旧 T 恤来试一试。有些父母甚至会录下自己的声音，和孩子说话或者唱摇篮曲。不过只有大约 60% 的婴儿会喜欢一个安抚物。

• 在分离焦虑期，尽量让宝宝的生活保持稳定。例如，现在可能不是去度假的最佳时间。

• 当你的宝宝正在经历分离焦虑时，要善待自己。这才是真正的关键。你无法加快这一阶段的进程，但你能做的是改善你的回应方式。为了以同情心对待你的宝宝，你需要滋养自己：能睡就睡；从那些跟你的宝宝已经有了牢固的依恋关系的人那里寻求帮助，哪怕只是让他们在你泡澡的时候抱着你的宝宝坐一个小时；不断告诉自己这是一个好兆头；经常重复"这一切都会过去"这句话。

以下是我从一位母亲那里收到的电子邮件，她的孩子正在经历分离焦虑，以及我给她的建议。

问：我是一个单亲妈妈，家里有一个非常活跃的 7 个月大的孩子。他患有肠绞痛，经常需要被抱着睡觉。现在他仍然很黏人。我的问题是不知道该如何处理自己的情绪。我想一直陪在他身边，给予他所需要的关注，但我还需要做别的事情，每次只要我一转身，他就会像被抛弃了一样大哭起来。我感到非常内疚，因为我不能在照顾他（比如给他做饭或为他洗澡）的同时给予他关注，我根本无法分身。他白天也会小睡，但只能睡在我身上。他晚上睡着的时候，我也很累了，所以我没有机会在他睡觉的时候补做一些事情。我该如何消除这种负罪感呢？

答：7个月大的宝宝本来就很黏人。你儿子的黏人是你作为母亲表现出色的一个标志。他正在做他应该做的一切，显然，他与你之间有一种非常安全的依恋关系，这意味着他将来很有可能成长为一个自信而独立的成年人。你说得很对，你不能一直关注着他，认识到这点很重要。你儿子学习独立的方式是通过与你短暂而适时的分离。所以，当你在洗澡不能抱他的时候，或者因为给他做饭而不能立即回应他的时候，实际上是帮助他学会与你分开的时机。然而，重要的是，这些情况是自然发生的，而不是由你强加的。尽管这些情况发生的时候他会哭，但随着时间的推移，当他的需求没有立即得到满足时，他将学会等待，并知道虽然你没有一直在他身边，但你会回来，事实上没有你他也可以。这就是心理学家所说的"足够好的妈妈"。一个足够好的妈妈允许她的孩子在他们需要的时候被依附，在他们长大的时候被分离，正是通过这些小的、适时的"失败"，孩子才得以转变。事实上，如果你是一个"完美的母亲"，而你的儿子从来没有经历过这些，这反而是不健康的。你的需要也很重要，有时候你的儿子会在你满足诸如洗澡、吃饭等这些基本需求的时候哭，那也没关系。你是人，你只是一个人。你不需要再做更多的事情，这些已经足够了。

重返工作岗位和选择托儿所

对于许多母亲来说，产假在这个时候就结束了，尽管托儿选择需要提前几个月做出——通常是在怀孕期间。这种前瞻性计划的问题在于，它不允许你根据孩子个性的独特需求进行选择，相反，它意味着大多数父母不得不做出一般性的育儿决定。

在为孩子选择托儿所时，你必须考虑到依恋关系的影响。太多的父母被现代化的建筑、新设备和政府检查人员的好评所蒙蔽，而忽视了对孩子来说最重要的养育、关爱、对孩子的理解和尊重，以及照顾者和孩子之间的依恋关系。在某些情况下，这可能意味着最古老的建筑、最少的设备和相对较低的官方评级。

长期以来，人们一直认为，在家庭环境中一对一的照顾更有利于孩子的心理健康，因为它最能反映孩子的家庭环境。就个人而言，我更倾向于将3岁以下的孩子放在家里照顾。在我的孩子未满3岁之前，我不会考虑将他们送到托儿所。然而，这并不是说没有一些非常好的托儿所，相反，也有一些很糟糕的保姆、育婴师和家庭保育员，好的托儿所总比差的保育员或保姆更可取。

说到重返工作岗位，有很多可能性需要考虑。

能否将你重返工作岗位的时间推迟到孩子长大一些以后？

理想情况下，这将是最好的选择。毫无疑问，对于孩子来说，在他们生命的前三年，最好的地方就是和自己的父母一起待在家里（当然，前提是父母能够给予孩子所需的照顾和培养）。一些父母为了能够与家人共同做到这一点，做出了很大的牺牲。我认识的一些人，他们降低了房子的等级、卖掉了汽车、减少了社交生活、取消了未来可预见的所有假期，以便在这段关键的时间里抚养孩子。当然，并不是所有人都可以做到这一点，毕竟有些家庭已经在温饱线上挣扎，不能再削减开支了。

灵活的工作或在家工作

为了方便带孩子，许多母亲开始自己在家创业，也有些母亲选择了那些可以在家办公的职业。当然，如果你的伴侣可以与你共同分担育儿工作的话，你就可以选择那些灵活的工作。这也正是我自己的选择。我不能不工作，所以我重新接受了产前教师和辅助性治疗师的培训，以便在我丈夫下班回家后，每周有两个晚上我可以接见客户和开办课程。为了尽可能地增加收入，我还在周末开办了工作坊。每天晚上，我会在孩子们睡觉以后开始工作，周末他们会和爸爸一起度过，而我出去工作。这种安排对我们来说非常有效，尽管在孩子们很小的时候这样做真的很累。如果算上照顾孩子的费用，我的收入并不比我在外面全职工作时挣得少。

如果你白天在家工作，可能仍然需要一些托儿服务，这取决于你的工作类型和你孩子的性格。

在自己家里照顾孩子

理想的情况是，你的孩子在自己家里由亲戚帮忙照顾。但遗憾的是，对大多数人来说，这并不可能，因为家庭之间的距离越来越远，我们的"村庄"正在缩小。在你自己家里请保姆来照看孩子的价格非常昂贵——是目前为止最贵的一种选择——但这样做的好处却是巨大的。孩子在熟悉的环境中长大，接受一对一的照顾，能和照顾者建立起牢固的感情。

除了成本之外，这里的问题主要在于找到一个和你有着相同育儿理念的保姆。因为有些保姆的育儿方法非常死板，他们认为自己在培训中学到的才是"正确的方法"。你可以问问他们对依恋理论的理解，以及他们对长时间抱着宝宝或者将宝宝放在背巾里而不是推车里有什么看法。他们是如何对待睡眠和睡眠训练的？他们对管教和行为主义有什么看法？不管保姆上的是哪所大学，也不管她的推荐信有多棒，如果有什么事情给你敲响了警钟，那就直接去找下一位应聘者。当你雇佣某人时，记住你支付了她的工资，不要害怕让她按照你希望的方式来抚养你的孩子。另一个不利因素主要是考虑到保姆生病或休假时的情况，这意味着你需要一个备选计划。

把孩子放在亲戚家里照顾

把孩子放在亲戚家里照顾，不管是在阿姨、叔叔还是爷爷奶奶家里，都是一个很好的托儿选择。如果他们是注册儿童保育员，你还可以向其支付费用，并享受价格方面的优惠。这种照顾需要一种非常良好、牢固和开放的关系。重要的是，这位亲戚在抚养孩子方面的观念是灵活的，并对你希望采用的育儿方式持开放态度。反过来，你也需要灵活一点，尤其是在你没有付给他们费用的情况下。这种方式显而易见的好处是，亲戚很爱你的孩子，而且在你重返工作岗位之前他们就已经相互熟悉，这让每个人都能更顺利地过渡。这种方式的缺点主要集中在育儿理念的匹配上，以及要考虑到如果亲戚生病或度假时你该怎么办。

把孩子放在别人家里照顾

这可能是传统的儿童看护方式，也包括与另一个家庭"共享保姆"的方式——这是一个通过与另一个家庭共享保姆来减少保姆费用的好方法。在这两种情况下，你的孩子会与其他孩子一起被照顾，但与托儿所相比，这里需要照顾的孩子要少得多。这种方式最大的好处是，舒适的家庭环境对孩子来说压力是最小的。研究发现，以家庭为基础的托儿服务能让孩子的情感发育更健康，与托儿所等环境相比，照顾者会更警觉，产生的噪音也更少。[39] 这种方式的问题在于保育员或保姆的可用性和可靠性，并要考虑在他们生病或休假期间的备选方案。

把孩子送到托儿所

对于温和的育儿理念来说，最不可取的选择或许是"家庭以外"的环境，比如托儿所。如前所述，这并不是说所有的托儿所都是"不好的"；也有一些非常棒的托儿所，它们有着非常前瞻性的理念，非常强调依恋关系和对孩子更自然的照顾。

从积极方面来看，托儿所是唯一一个在员工生病或休假时不需要后备计划的托儿选择。当然，如果你的孩子生病了，你仍然需要一个备用计划。不利的一面是，研究发现，3 岁以下的孩子在托儿所待的时间越长，他们在 11 岁时表现出"问题"的可能性就越大。[40] 进一步的分析显示，3 岁以下日托儿童的皮质醇（压力激素）水平在不断升高，科学家将其归因于"他们在群体环境中的压力互动"。[41] 在繁忙的日托护理环境中，另一个需要考虑的因素是，由于照顾的儿童数量众多，在安排睡眠和用餐时间方面，他们需要相当严格的日常安排。科学家们研究发现，孩子在有压力的环境下饮食，特别是如果他们在特定的时间被奖励或过度鼓励吃某些特定的食物，随着孩子的成长，可能会导致他们与这些食物之间的不健康关系。[42]

研究人员还发现，孩子越早进入托儿所，他们的社会发展速度就越慢。[43] 他们发现，那些每周在托儿所待的时间超过 30 个小时的孩子，随着年龄的增长，他们的社交能力最差（在课堂上合作、分享和参与的程度较低）。与那些待在家里被父母照顾的同龄人相比，他们还表现出更强的攻击性，以及更频繁的呼吸道感染和包括哮喘在内的过敏症状。[44]

如果你正在考虑将孩子送到托儿所，以下几点是很重要的：

• 成年人与儿童的比例是多少？越低越好。

• 他们是否实行关键工作人员计划？关键工作人员是指主要负责你孩子的特定成员，你可以和他们交流，让你的孩子有最好的机会与他们的看护者建立安全的依恋关系。

• 他们的作息时间是否灵活，尤其是在睡眠方面？比如，他们是否愿意用背巾带着你的孩子、用童车推着他们去散步，或者让他们睡在婴儿床或垫子上？午睡时间是固定的还是遵循孩子的暗示？在饮食方面，他们会根据孩子的个人喜好和断奶方式而提供不同的食物吗？如果你的孩子饿了，是否能随时获得食物？或者他们只有固定的用餐时间？

• 他们对孩子的奖惩措施是什么？他们会实施"计时隔离""顽皮阶梯"或者"奖励计划"吗？他们会乐意用一种不同的、更温和友好的方式对待你的孩子吗？

• 他们一年有多少时间在户外活动？孩子在那里每天都有机会接触到绿色的大自然吗？

• 当你的孩子受到过度刺激时，他们有安静的区域吗？这对敏感的孩子来说尤其重要，因为他们可能需要一些远离其他孩子和活动的"休息时间"。

• 所有的工作人员看起来都很有教养吗？有没有让你觉得有点不舒服的人？

• 这里的所有孩子是否都很快乐和满足？他们看起来都很平静吗？

• 你的孩子对这里的环境和工作人员有什么反应？选择一个能让你的孩子感到幸福和舒适的环境——孩子的反应可以很好地说明问题。

• 他们的探视规定是什么？他们是允许你在离开孩子之前进行多次探视，还是只允许你进行一到两次探视？

• 最后，但也许是最重要的，你的直觉是什么？不要只看装饰、建筑、设备、证书和教育局的报告。你的直觉告诉你什么？这地方适合你的孩子吗？

把你的孩子安顿好

当你重返工作岗位、你的孩子开始接受别人照顾的时候，无论是孩子还是你自己，通常情况下都要流泪，这是很正常的。虽然每个人都希望有一个平稳、无泪的开始，但是对于母亲和宝宝来说，这是一个相当艰难的转变。你应该意识到，这些感觉对你们双方来说都是非常真实而正常的，你应该接受而不是否定它们。只有当你做到了这一点，才有可能继续前进，在使用托儿所的同时实现孩子和父母真正快乐的最终目标。

不要害怕提前提出任何你可能担心的问题，不管这些担心在别人看来是多么微不足道或愚蠢。在很多情况下，如果不及早处理，这些小问题可能会成为大的绊脚石。一定要提出与你和你的育儿方式最相关的问题——你希望你的宝宝如何睡午觉，或者采取什么样的方法来吃饭。在大多数情况下，通过一些前瞻性的计划和坦诚的讨论，确保孩子的照顾者与你的观点保持一致，可以避免出现很多不必要的问题。

使用以下提示，可以帮助你的宝宝尽快适应托儿所。

• 提前与孩子的照顾者建立联系。理想情况下，你至少有三到四次的安顿机会，你可以和孩子一起待在托儿所，让孩子有机会在正式托管之前和保育员建立联系。

• 使用视觉提示来帮助你的孩子。婴儿和幼儿处理和储存信息的方式与我们成年人不同。你可以拍一些孩子和保育员在一起的照片，在家里和他们讨论，以便建立熟悉感，还可以用保育员及其周围环境的照片制作一个小剪贴簿放在家里，让孩子经常翻看。

• 使用一些过渡性物品、安抚物或"宝贝"来让他们感觉好像你仍陪在他们身边一样。如果你的宝宝已经有了一个安抚物，比如毯子或者可爱的玩具，可以把它带到托儿所一直放在宝宝身边；如果没有，在托管开始前一个月，尽量给宝宝准备一个。（当你与宝宝拥抱及给他喂食的时候，可以让相关物品参与进来。每次当你把宝宝抱近时，都可以将它放在你们中间。这个过程可能需要一个月的时间，而且不幸的是，这种方法成功的可能性只有大约60%，不过一旦成功了，对孩子来说这将是一种极大的安慰。）

· 通过在宝宝身边放置熟悉的东西来帮助他们。这可以是他们在家里和你一起听的或者在睡觉时听的一段音乐；他们自己的杯子、盘子或奶瓶；他们最喜欢的故事书；或者你身上的气味，可能是家里的香水或者房间里的气味。

· 不要害怕寻找其他选择。如果你的宝宝不适应托儿所，或者一旦他开始在托儿所你就会觉得不舒服，请记住：你的直觉是有原因的。一定要遵从它。

6～12个月宝宝的大脑发育

6～12个月是宝宝大脑发育的高峰期。突触（联结）正在迅速形成（你的宝宝以感官方式体验的世界越丰富，突触就越多），如果它们得到加强，这些联结将成为孩子成年后大脑的永久特征。因此，你的宝宝现在所经历的环境——包括视觉、听觉、嗅觉和触觉——将在他们的大脑"构造"中发挥持久的作用，并且在这段时间里与他们进行大量的对话、交谈和故事阅读，将有助于宝宝的沟通和语言能力的提高。

到这段时间结束时，婴儿的小脑约是出生时的三倍大。大脑体积的增大和联结的增加，将使宝宝在这一时期结束时表现出极强的运动能力：坐起来、爬行、左右翻滚、扶着东西站立、转来转去，有时还能行走。

在8～12个月之间，婴儿的额叶开始变得更加活跃。大脑的这一区域负责更复杂的思维，这可以从这个年龄段婴儿的"客体永恒性"①和分离焦虑的发展中看出。婴儿在这段时间开始的时候就在学习这一技能，到这段时间结束的时候，他们将会很好地掌握这一技能。

6～12个月宝宝的睡眠

在这个年龄段初期，只有 16% 的婴儿能够安稳地"睡到天亮"，13% 的婴儿每天晚上至少会醒来三次。[45] 这个年龄段的婴儿平均每晚睡 10 个小时，白天睡 1～3 个小时。通常，他们在白天会有两次小睡，尽管在这一时期结束时，许多婴儿会过渡到每天只睡一次。夜间进食仍然是正常和常见的。

以下是我从一位 8 个月大的宝宝的母亲那里收到的关于睡眠的问题，以及我对她的答复。

问：我的儿子 8 个多月大，纯母乳喂养，每晚都要醒来好几次，吃过奶以后会再次入睡。他白天的小睡很糟糕：每天会有两次小睡——每次最多睡 1 个小时，当然这很少见，通常是每次只睡半个小时。有时候白天甚至只睡一觉！据我了解，像他这么大的宝宝每天小睡的时间应该达到 3 个小时。这会影响他的夜间睡眠吗？我能做点什么吗？

答：你应该谨慎对待你所了解的信息——大多数显示婴儿应该小睡多长时间的睡眠图表都只是不同专家的推测。直到最近，才有人真正研究过婴儿平均小睡的时间。研究人员发现，在你儿子这个年龄段，每天小睡的时间平均为 2.5 个小时。但必须指出的是，这是平均水平，

---

① 客体永恒性，是指当某样东西不在婴儿的视线范围内时，他们也能理解它的存在。例如，即使宠物猫在花园里，根本看不到，他们也能知道它是存在的。

也就是说，在他这个年龄段，会有一些宝宝根本不午睡，有些宝宝只睡 1 个小时就很好了，而有些宝宝则需要睡 3 个小时、4 个小时甚至更长时间。这就是这些可怕的睡眠图表的问题所在——它们忽略了个体，并会让父母产生不必要的恐慌。如果你的儿子每天都很快乐并且身体健康，我觉得你可以忘记这些图表和专家们的建议。

把宝宝移到他们自己的房间或婴儿床上

到了这个年龄段，有些父母会考虑将宝宝移到他们自己的房间，而另一些和宝宝同床的父母则会考虑将他们搬到婴儿床里。然而，很多人在接下来的几个月里还会继续与宝宝同床。这里没有正确的答案。有些宝宝似乎更喜欢自己单独睡觉，因为那样他们就不会被父母的噪音和活动打扰；有些宝宝在晚上仍然需要与父母待在一起，让他们再多待几个月就能获得最好的睡眠。

为了降低婴儿猝死综合征的风险，一般建议宝宝和你同居共睡至少 6 个月的时间。但是，让宝宝和你待在一起的时间稍长一点，可以帮助他们很好地应对分离焦虑。你可能会发现，如果你的宝宝离你很近，每个人都能得到更多的睡眠。如果你确实想把宝宝移到他们自己的床上或他们自己的房间，我建议你在分离焦虑开始前或者等到它过去后再这样做。我个人的建议是，在 8～18 个月之间，尽量不要与孩子分床或分房间。同样，如果你正在等待另一个孩子的出生，你最好在孩子出生前或出生后的几个月里采取行动，这样你的第一个孩子就不会将搬家和他们的新弟弟或新妹妹联系在一起。

最后，如果母亲要重返工作岗位，晚上把孩子放在身边往往可以帮助他们更好地完成这种过渡。夜间是重新建立联系的重要时间，这种近距离的接触可以帮助宝宝缓解因白天不在母亲身边而产生的焦虑。

对夜食的需求

一个常见的误解是，婴儿在 6 个月大的时候就不再需要夜食了。它假设婴儿的营养需要已经完全被他们白天的奶水摄入所满足，更何况他们正在吃大量的固体食物。但是我们知道，对于那些自己主导断奶的婴儿来说，固体食物的引入最初是缓慢的，而且很可能不足以取代他们对夜间奶水的需求。它还假设 6 个月大的婴儿会在白天喝掉他们一天所需要的所有奶水，但这通常是不可能的。6 个月大的婴儿忙于探索身边的世界，经常没有时间进食。在这个年龄段，他们白天的食量可能会开始急剧减少，尽管专业人士可能会建议你"白天多给他们喂食，这样他们就不需要在晚上吃东西了"，但这往往说起来容易做起来难。抓住一个对玩耍比进食更感兴趣的爬行的婴儿是很棘手的，而且让他们在更喜欢探索的时候进食几乎是不可能的。在一个安静的环境中喂食，用一条安抚项链来娱乐婴儿忙碌的双手（无论你是母乳喂养还是配方奶喂养），这些都会有所帮助，但夜间喂食还将持续好几个月也是目前的现实情况。我个人认为，在整个第一年里，夜间喂养仍然是宝宝获得营养和安抚的重要组成部分。

反向循环和通过喂养重新建立联系

母亲重返工作岗位后，婴儿在晚上醒来吃奶的次数会明显增多，这种现象很常见（对于母乳喂养的宝宝来说尤其如此）。这通常被称为"反向循环"，意味着婴儿会在夜间接受他们每天的奶水喂养。

除了需要从夜奶中获得营养外，无论是母乳喂养还是配方奶喂养的婴儿都希望在夜间多吃一些，因为这样能给他们带来舒适感和与母亲的亲密接触。从很多方面来说，拥抱这段重新联系的时间也许是未来几个月最好的方法。让宝宝有时间在夜间通过喂养与你重新建立联系，可以帮助他们在接下来的几个月里变得更有安全感，减少分离焦虑和夜醒的发生率。

在宝宝 6～12 个月大时运用温和养育的七个 C

在宝宝 6～12 个月期间，你该如何实施温和养育的七个 C？

Connection 联系

在帮助你的宝宝度过分离焦虑的过程中，联系是很重要的。这不是一个鼓励独立的时期，而是要允许他们依赖你，并尽可能地让他们相信，当他们需要你的时候，你会在他们身边。简单地说，他们需要知道妈妈或爸爸总是在他们身边。妈妈重返工作岗位可能会给他们增加一个额外的障碍。这时候，确保你的宝宝与看护者有一个安全的依恋关系是关键，而理解他们需要在晚上与你重新建立联系（这通常会导致更多的夜醒）也是至关重要的。

Communication 交流

这是一个非常有趣的年龄段，宝宝开始说第一句话，喜欢听故事，学会越来越多的夸张的非语言暗示。你要试着真正花时间去理解宝宝的交流，尤其是通过他们的肢体语言。现在是他们大脑的额叶快速发展的时期，你越是努力陪宝宝说话和阅读，对他们的语言发展的帮助就越大。

Control 控制

在这个年龄段，也许你能让宝宝拥有控制权的最好方法是通过在他们的饮食中加入固体食物。尽可能地以宝宝为主导，这不仅是一种很大的乐趣，也是让宝宝与食物建立良好关系的最好方式，这种关系将会持续一生。要注意到他们的个人喜好，不要强迫他们改变。记住，在这个年龄段引入固体食物，宝宝的感官体验比营养更重要。在选择托儿所时，让你的宝宝有一点控制权也是至关重要的：也许最好的方法就是看你的宝宝对它的反应。如果在你做出选择后，你的宝宝不高兴，你可以通过更换托儿所来允许他们进行一些控制。

Containment 包容

这一时期的包容与联系有着非常密切的关系。你要理解克服分离焦虑对你的宝宝来说是多么困难。尽管对你来说，陪他们度过这个经常烦躁和爱尝试探索的阶段也很困难，但试着想象一下，他们一下子经历如此巨大的情感创伤会是什么感觉。在宝宝身边的时候，尽可能地把他们抱在怀里，安慰他们，这对你来说确实是一项很辛苦的工作，但这样为你的宝宝付出是值得的。

Champion 支持

在这个年龄段，你的宝宝仍然不能说出他们自己的需求，所以他们需要你的支持。在照顾孩子方面，这一点尤其重要。照顾者是不是完全赞同你的理念？如果不是，那就大声说出来，不管你是不是支付了费用。你家宝宝所在的托儿所，是否不喜欢以婴儿为主导的方式来喂养你的孩子？他们是否不愿意摇着你的宝宝入睡，或者不愿意让你的宝宝用背巾来睡午觉？再次大声说出来！如果你对你所接受的服务不满意，你应该帮你的宝宝说出来。

Confidence 自信

在这个阶段，自信与父母和宝宝息息相关。当你的宝宝离开你的时候，他们开始为未来的自信和独立打下基础，但他们还没有完全达到这个阶段。从你的角度来看，这可能是一个棘手的阶段，要对你的育儿选择和能力保持信心，尤其是当你正在接受托儿服务的时候，你以前快乐的宝宝似乎看起来很悲伤，而且很难接受除了你之外的其他人的照顾。如果你的宝宝开始在夜间醒来，几乎和新生儿时一样频繁，你也很难保持专注。这个时候，父母往往会严重质疑自己和自己的选择。同样，重要的是要记住，温和的养育方式意味着要长期坚持下去。这不是一个短期的解决方案或能很快看到结果的方法。同时，提醒自己，分离焦虑是一件好事，尽管它可能不是你想要的。这是一个信号，表明作为父母你们做得很好。

Consistency 一致性

在这个阶段，保持一致性并相信自己的选择是当务之急。以婴儿为主导的育儿方式需要时间才能看到结果。在短期内，许多父母会质疑自己的选择，尤其是在引入固体食物时，如果他们 7 个月、8 个月或 9 个月大的孩子仍然只会用手指挤压食物。但是请继续做你正在做的事情。你的小宝贝会慢慢明白，事情会像拼图的碎片一样开始拼凑起来。睡眠方面也是如此。所以，一定要坚持不懈，对自己的育儿选择充满信心。

第六章

蹒跚学步期——1~4 岁

孩子们的小愿望、小计划和小乐趣都应该被成年人温柔地尊重，而不是被粗暴地阻挠或嘲笑。

——路易莎·梅·奥尔科特（Louisa May Alcott），小说家

蹒跚学步的孩子和学前班的孩子会给父母带来无穷的乐趣，但也会让父母感受到大量的挫折和压力。你的小家伙正在经历一个巨大的变化，因为他告别了完全依赖你的婴儿时期，迈向了自主成长的童年之旅。在这个年龄段，想要长大、对控制权的渴望和依然需要依赖大人的矛盾，让孩子陷入了困境，也给整个家庭带来了混乱和紧张。

同时，你的孩子越来越爱说话了，这也意味着你对他们的行为举止的期望将远远超出他们的年龄。虽然对蹒跚学步的孩子和学龄前儿童抱有很高的期望是件好事，但这也会对他们造成极大的伤害。如果你没有从这一章中学到其他东西，请一定要记住这个事实：在这个年龄段，孩子的大脑和成年人的大脑是如此的不同，以至于让人觉得他们可能属于另一个不同的物种。幼儿不像成年人那样思考，他们的行为不代表他们顽皮、难缠、固执或控制欲强，他们只是年纪尚小，还处于学习和发育当中。

发脾气和情绪波动大

为什么小孩子这么爱发脾气？很简单，因为他们缺乏像大多数成年人那样调节自己情绪的能力。如果我们感到失望、害怕、愤怒、沮丧、心烦意乱、焦虑或嫉妒，我们知道尖叫、扔东西、打人、跺脚或躺在地上的反应是不被社会接受的。我们不仅知道这些规则，我们也有能力使用"自我对话"——也就是说，我们可以通过自己的情绪来说服自己，想出更合适的方式来处理它们。所以，如果我们感到害怕，我们可以将正在发生的事情合理化；如果我们很生气，我们可以告诉自己冷静下来，做一些深呼吸；如果我们嫉妒（尤其是我们所爱的人给予他人的时间和关注），我们可以与他们沟通，告诉他们我们的感受。现在想象一下，如果你不能做到这些，却仍然要体验那些无法抗拒的情绪会是什么感受。

每天，孩子还需要处理大量的挫折和失望，也许最重要的是没有掌控权。你能想象自己在生活中几乎没有话语权，以至于你永远都无法决定穿什么、吃什么、去哪里或做什么吗？你会有很强烈的情绪，不是吗？如果你的愿望被忽略了，或者更糟糕的是，被小瞧了，（"不，亲爱的，别傻了——你不能要那个红色的杯子，蓝色的杯子就行了！"）你会怎么想？

这并不是幼儿生活艰难的唯一原因。想想看，一个普通的 2 岁孩子每天要听到多少次"不"字。然而，他们被好奇心驱使着去探索这个世界，并通过对周围的一切进行摸索来了解这个世界。所以，当他们泼水、玩泥巴、把食物扔在地上、在墙上画画、把书架上的东西倒在地上，或者把昂贵的装饰品从桌子上打翻的时候，他们不是淘气，他们的行为并没有恶意。他们只是在学习、在探索。尽管这些行为让人非常恼火，而且常常让我们这些成年人感到尴尬，但重要的是要明白，这些都是正常的。

这就是一个小孩子的生活。当巨大的、原始的情绪不断累积，直到最终爆发，他们便开始发脾气。

蹒跚学步的孩子和学龄前儿童无法处理自己的情绪，只能在它们变得难以承受的时候"发脾气"——这就像一壶热水，如果无人照看，就会沸腾。这就是幼儿的大脑。但是，作为父母，你的工作不是帮助孩子"控制"他们的情绪，而是要允许他们以一种安全和可接受的方式来表达这些强烈的情绪。

我们对待孩子的方式会对他们的大脑结构产生持久的影响——形成他们未来人格的构建基础。如果我们以同理心和同情心对待他们，倾听他们的声音，尊重他们的感受，并帮助他们感受到被认可、被接受和无条件的爱，那么就是在为他们成为高情商、有爱心的成年人奠定基础。如果我们不是以同情心对待他们，而是对他们大喊大叫或置之不理，实际上我们是在告诉他们，他们必须独自应对自己的巨大情绪，他们的感觉是我们无法接受的，我们对他们不够关心，无法帮助他们找到一条出路。这里令人担心的是，这并不会让强烈的情绪和有害的情绪消失，反而会让孩子把它们吸收到心里，埋到潜意识中。我们损害了他们的自我价值感，随着时间的推移，这可能会导致诸如抑郁、焦虑、自我伤害和饮食紊乱等问题。另外，他们也可能会将这些感受外化，变得暴力。

以下是我从一位母亲那里收到的关于她蹒跚学步的女儿行为的问题，以及我对她的回复。

问：淘气——应该用它来形容我 19 个月大孩子的行为吗？我不喜欢这个词。我一直想逃避这个问题，但我丈夫认为在某些情况下，有必要对孩子进行管教。我认为这不是淘气，而是在试探界限——就像她把盘子里的食物扔在地上一样。他永远不会说她淘气，但她的行为又是什么呢？

答：我不认为你女儿或她的行为是淘气。"淘气"到底是什么意思？对孩子来说，有三种情况：（1）故意做一些他们知道不应该做的事情；（2）故意做一些他们知道会让你难过或生气的事情；（3）故意做一些他们知道会带来某种后果的事情，但他们不在乎，还是做了。一个 19 个月大的孩子在接下来的几年里都无法理解这些行为背后的思维过程。现阶段，她还只是一个蹒跚学步的孩子。她正在探索这个世界：

把盘子扔到地上可以让她了解重力，探索自己的能力，是的，还学会了边界。更重要的是，她还试图对自己的生活进行一些控制：你是否让她待在餐桌前的时间比她想要的更长？你是否试图让她吃她不想吃的东西，或者在她不想吃的时候非要让她吃？当孩子还小的时候，我们经常凌驾于他们的意愿之上——实际上我们对他们非常不尊重——所以，除了把盘子扔在地上，或者拒绝吃饭或把食物吐出来之外，她还能做什么来尝试对上述情况进行控制呢？试着不要让她陷入如此失控的境地是非常重要的。同样重要的是，关注你的女儿，做对她最有利的事情，这往往与社会对孩子奇怪的、完全不切实际的期望不一致。这种行为绝对不是淘气，而是正常的幼儿行为，称其为淘气是令人难以置信的贬损，可能会对你的女儿造成伤害。

当孩子发脾气的时候，如何温和地对待他们？

温和地对待发脾气的孩子，并不意味着放任自流、让孩子为所欲为，也不意味着纵容孩子这种行为或者让孩子永远不哭。在孩子发脾气的过程中温和地对待他们，意味着要记住孩子的感受，保护他们和其他人，并希望能将其作为一种学习经验。

关键是要保持冷静。对着孩子大喊大叫，只会让你自己的行为变得像小孩子一样，从长远来看，绝不会有理想的结果。在你做出任何回应之前，先停下来，深呼吸，让你的肩膀放松。这样做几次之后，告诉自己："我的孩子正在度过一段艰难的时期，他并不是在故意给我找麻烦。作为成年人，我应该帮助他。"最重要的是，不要理会周围的任何人和事。此时此刻，真正重要的只有两个人：你和你的孩子。一旦你平静下来，把注意力集中在你的孩子身上，记住接下来的步骤（它们的首字母组成了 SENSE"理智"这个单词，以帮助你记住它们）：

• Safety 安全　当你的孩子发脾气时，首先要考虑的是安全问题——他们和他们周围人的安全。第一步是确保你的孩子没有任何直接的危险，并且不会伤害到他们周围的任何人。和孩子一起移到一个安静的地方，远离易碎物品，是一个明智的选择。

• Empathy 同理心　在处理了迫在眉睫的安全问题之后，你接下来要做的就是与你的孩子产生共鸣。你能找出是什么引发了这种强烈的情绪吗？你的孩子现在感觉如何？你能想象一下，此时此刻如果你是孩子会是什么感觉吗？这里的重点是让你的孩子知道，你了解他们的感受，你是站在他们这边的。

• Name 命名　当你确定了你的孩子所感受到的强烈的情绪后，可以通过命名来帮助孩子理解他们的情绪。随着孩子的成长，这将有助于你的孩子用语言来表达自己的需求。你可以这样说，"我可以看出你很生气，因为那个小男孩抢走了你的玩具""你很伤心，因为我们该离开公园回家了"，或者"我可以看出来，当那个女孩跑过来抓住你的手时，你很害怕"。这些都是合适的提示。

• Support 支持　你的孩子需要你帮助他们从外部调节他们的情绪。他们无法通过自己来停止自己的感受。这种情绪会被内部消化，发脾气也会停止，但是这种强烈的感受不会消失。大多数主流的育儿方法，如"顽皮阶梯"和"计时隔离"，都假定幼儿具有自我调节情绪和反思所需的大脑发育，但科学告诉我们，他们并没有。在最好的情况下，这些方法只能让他们形成一种条件反射和"习得性无助"（也就是说，这种行为最终会消失，因为孩子知道哭是没有用的——他们只会被单独留在台阶上，没有人会满足他们的需求）。作为成年人，你的任务就是帮助孩子冷静下来。回想一下锅里的水沸腾了，却没有人可以关掉煤气的情况。在这里，你的任务就是关掉煤气，并在水停止沸腾时把"烂摊子"清理干净。有些孩子会喜欢一个大大的拥抱，有些孩子则需要自己的空间，拥抱只会让他们的脾气变得更坏。告诉你的孩子："我知道你现在的情绪很不好，我会一直在这里陪着你。如果你想让我抱抱，一定要告诉我。"当你的孩子准备好了的时候，你要用倾听的耳朵和张开的双臂来支持他。

• Exchange 交换　这一点是指给孩子提供一个对你和整个社会来说更容易接受的选择，将不可接受的内容替换为可以接受的内容。比如，你可以说，"我知道你想玩水，但我们要在水槽里玩，而不是把水倒在地板上"，或者"我们不打人，打人会伤害别人，但你可以打这个特殊的垫子"，等等。

使用 SENSE 技巧不会产生立竿见影的效果，你的孩子仍然会发脾气，有时还会持续很长时间。然而，如果你一直坚持使用这种方法，从长远来看，它会产生积极的影响。最终，通过一些练习，你会发现孩子发脾气的时候更容易处理了，而且，随着时间的推移，他们发作的时间会变短，也会变得不那么频繁了。

为什么小孩子不喜欢分享？

在这个年龄段，有些孩子的父母最关心的问题之一就是教他们分享。总体而言，社会非常热衷于鼓励孩子与他人分享，并将此视为尊重和遵守社会规则的标志。不喜欢分享的孩子往往会被贴上淘气或没礼貌的标签。此外，人们普遍担心，如果我们不尽早教会孩子分享，他们长大后就会变得自私自利，很少顾及他人感受。然而，具有讽刺意味的是，在我们努力培养乐于分享、能够体会他人感受的孩子的过程中，我们经常以一种毫无同情心的方式对待他们。只要稍微了解一下同理心的发展和心理学家所说的"心智理论"（Theory of Mind，简称 TOM），我们就会发现，我们对幼儿在分享方面的期望是相当荒谬的。

同理心和心智理论

同理心是指能够识别和认同他人所经历的感受和情绪——也就是说，这是一种"设身处地为他人着想"的能力。富有同理心的人更有可能表现出社交、利他的行为，并且乐于分享。

同理心不是我们与生俱来的技能。它是通过经验和主要是生命头 4 年及以后的大脑发育而形成的。因此，直到孩子出生后的第 3 年，他们的同理心才真正开始显现出来，直到孩子开始上学及以后，才发展到与成年人相当的水平。因此，1～4 岁的孩子缺乏同理心远不是一个问题，而是完全正常的。

从心理学上讲，同理心的发展是建立在所谓的"心智理论"的基础上的，它是一种认知，意味着它依赖于孩子的大脑发育和成熟。当孩子意识到并不是每个人的想法和感觉都和他们一样时，同理心就产生了——例如，理解他们的行为会让别人感到悲伤，即使他们会感到高兴。在孩子的心智足够成熟之前，他们不可能理解自己行为的后果。因此，试图向他们解释他们的行为对他人产生了负面影响是毫无意义的。以孩子拒绝分享玩具为例，很多人可能认为这是"淘气"的行为，但其实这是孩子不成熟的心理造成的。即使另一个孩子因为被拒绝分享而难过和流泪，他们也无法理解这个孩子的感受或理解他们自己行为的后果。

考虑到心智和孩子不成熟的大脑发育，很明显，责备孩子是没有意义的，更不用说采取计时隔离、顽皮阶梯或冷静角等方法了。同样，给那些"分享得好"的幼儿奖励贴纸也是毫无意义的，因为幼儿还没有足够的大脑容量和认知能力来对他们的行为进行理论分析、对未来的行为进行假设或者理解他们所做的事情对其他人的影响。

理解他人的观点

20 世纪，瑞士发展心理学家和哲学家让·皮亚杰（Jean Piaget）向我们介绍了自我中心主义的概念，它描述了儿童无法理解他人的想法和感受。重要的是要把它与自私区分开来，后者是一种不受欢迎的成年人的人格特征。自我中心主义是所有儿童都会经历的一个正常的心理发展阶段。皮亚杰认为，所有 7 岁以下的儿童都是严重的自我中心主义，只有在 7～12 岁之间，他们才会慢慢地从自我中心主义转向社会中心主义，即考虑他人的感受。

20 世纪 70 年代末，心理学家普雷马克（Premack）和伍德鲁夫（Woodruff）将皮亚杰的自我中心主义思想进一步发展为心智理论。在普雷马克和伍德鲁夫的研究之后，有几个著名的实验，其中包括萨莉·安测试，该测试侧重于将错误信念理论作为对心智理论的一种测试方法。[46] 实验的主角是两个洋娃娃：萨莉和安。孩子们看到萨莉离开了房间，当她不在的时候，安从她的手提包里取出一个弹珠，并把它藏在了自己的盒子里。然后萨莉回来了，当孩子们被问道："萨莉想要拿出她的弹珠，她会去哪里找呢？"一个成年人会给出正确的答案——显然是"在她的手提包里"（因为萨莉不知道安动了她的弹珠）。然而，4 岁以下的孩子中，有 85% 的孩子会用研究者所说的错误信念来回答这个问题，说萨莉会到安的盒子里去找弹珠。这个简单的实验清楚地表明，年幼的孩子不能"站在别人

> 的立场上"思考问题，因为他们没有发育成熟的心智，或
> 者是同理心（尽管进一步的研究表明，不同孩子心智发展
> 成熟的年龄存在很大的差异）。[47]

孩子心智的关键性变化发生在 4 岁左右，这时候孩子才开始能够较为准确地理解他人的想法和观点。只有在这个阶段，我们才能期望他们的行为更有同理心、更善于交际。因此，在孩子达到这个年龄前，我们不应该期望他们能够做到与他人分享，而是应该重新调整自己对他们的期望。

将心比心的养育

也许，确保孩子长大后拥有良好的心智及同理心的最好方法，就是对他们多一些同情和尊重。简单地说，我们应该以我们希望孩子对待他人的方式来对待他们。这意味着我们需要花时间去理解孩子的感受，以及他们大脑发育的局限性，并以此为基础来养育孩子和处理各种情况。

"将心比心"的概念很好地说明了这一观点。将心比心指的是父母对孩子的共情能力，以及理解并接受孩子有自己的重要感受的能力。研究表明，思维更开阔的母亲培养出的孩子会更成熟、更具有同理心。[48] 在反思惩罚孩子不分享的主流做法时，这是一个重要的考量因素。对孩子的任何惩罚都表明成年人缺乏同理心，而且往往不了解孩子的发展特点。因此，鼓励幼儿分享的主流做法，实际上会抑制这种行为自然出现所需的过程的发展。我们越是因为孩子没有同情心而惩罚他们，我们的努力就越会适得其反。

惩罚或忽视孩子不良行为的问题

"计时隔离"和"顽皮阶梯"是现代流行的育儿方法，受到了从电视育儿专家到健康专家的广泛推荐。其理念很简单：如果你的孩子做了你不喜欢的事情，那么忽略行为背后的原因，让他们到台阶上或角落里待几分钟作为惩罚，最终会让这种行为消失。这些方法假设孩子们只是为了引起我们的注意而"捣蛋"，所以只要我们忽视他们的行为，他们下次就会停止这种行为。他们还认为，惩罚会让孩子们意识到自己的错误，并让他们下定决心下次不再犯错。这两种假设都是错误的。

在大多数情况下，幼儿之所以会有某种行为，仅仅是因为他们无法阻止自己这样做。有强烈情绪的孩子非常需要我们的关注。一个行为退步的孩子哭泣，很可能是需要父母给予更多的时间和关注。但他们需要的关注类型是积极的：一对一的时间和拥抱，谈话和认可。他们需要有人倾听他们的心声，帮助他们平复巨大的情绪，让他们感到安全和有保障。他们从"计时隔离"或坐在"顽皮阶梯"上得到的"关注"完全不是这样。这种"关注"只会教他们将自己的情绪内化，并在一段时间内停止向我们传达他们的恐惧和担忧。他们需要的是被及时关注，而不是计时隔离。

同样，如果你认为通过收回你的注意力或让孩子远离他们喜欢的东西来惩罚他们，会让他们思考自己做错了什么（并决心在未来做出改变），这种想法也是不正确的。不足三四岁的孩子，他们的大脑新皮层（大脑中复杂的额叶部分）是异常不成熟的，而大脑的这个部分负责的是批判性、分析性和假设性思维。所以，从生物学上来讲，让小孩子冷静下来并真正"思考"他们做错了什么是不可能的。他们不会考虑自己行为的影响，也不会激励自己下次做得更好，因为他们根本无法做到。因此，取消孩子的活动资格及父母的惩罚可能会让孩子的行为及时得到改变，但这是因为孩子已经习惯了不让父母知道他们的感受。对父母来说这似乎是一件好事，因为他们的孩子现在更安静、更听话了。但对孩子而言，这可能是非常有害的。因为这导致他们只能将自己的情绪内化，或者在以后的某一天将其外化，这两者都是非常有害的。

在孩子成长的过程中，确保与孩子保持亲密和开放关系的最好方法之一，就是在他们幼年时倾听他们的心声并给予他们同情和尊重。你的孩子不是"淘气"，而是无法控制自己的冲动（因为他们的大脑发育还不够成熟），他们不能让自己平静下来，还没有同理心的概念。

奖励好行为的问题

虽然许多人都明白为什么惩罚孩子的不良行为会适得其反，但有时却很难理解为什么奖励孩子的好行为也是有害的。

从表面上看，诸如贴纸和糖果之类的奖励似乎没什么害处。孩子们很开心，因为他们得到了一张贴纸、一个糖果或者有趣的一天；父母也很开心，因为他们让家庭恢复了平静。奖励表之类的东西可能比大喊大叫或打孩子更可取，但它们远非理想之举。它们不仅缺乏任何令人信服的有效性证据，而且还可能在未来导致更多的问题行为。对于大多数父母来说，他们很难接受这些善意的贴纸会在孩子青少年时期产生问题。

包括沃内肯（Warneken）和托马塞洛（Tomasello）在内的几位心理学家对孩子达到所期望的行为给予奖励的效果进行了研究，得出的结论是：如果孩子们在一开始就得到了奖励，那么他们重复这项任务的动机实际上会降低。[49] 这意味着，如果你不断地奖励孩子，实际上却是在减少他们重复这种行为的机会，除非他们被迫得到更多的奖励。贴纸图表的使用源于一种已经流行了半个多世纪的行为矫正技术——这一概念也构成了现代犬类训练的基础。不可否认的是，奖励对于训练一只新的幼犬是有帮助的，但是对于训练孩子来说，它们并不合适。

奖励可以迅速产生效果，因此，似乎是解决许多行为问题的好办法。这就是电视上的育儿专家如此受欢迎的原因，为了吸引观众，他们需要展示出快速且令人印象深刻的结果。然而，你在这些节目中看不到的是，6个月后，摄像机早已停止拍摄，孩子的行为可能比以前更糟。如果一件事情做起来快速而又简单，那么很有可能是表面的，从长远来看是无效的，而且并非没有风险。

奖励是通过增加孩子的外在动机来实现的。研究人员发现，一旦你停止给孩子奖励，他们就更不可能以你希望的方式做出反应。[50]如果你想让你的孩子的行为发生真正的改变，那么这种行为需要有内在的动机。只有当孩子的内在动机促使他们以某种方式来表现时，长期的积极变化才会发生。简单地说就是：他们做某件事，纯粹是因为他们想做。

因此，奖励并不能教会孩子"是非对错"，它们只会让孩子顺从。在这个年龄段，一开始的奖励可能只是一张贴纸或一根棒棒糖，随着孩子年龄的增长和要求的提高，很快就会发展到越来越多的钱和昂贵的食物。当然，你还有另一种选择——尊重孩子，加强与他们的联系与沟通。你希望你的孩子去做一些事情是因为他们想要帮助你，因为他们尊重你，因为他们觉得帮助你感觉很好，因为他们知道你会为他们做同样的事。如果你经常对你的孩子大喊大叫或惩罚他们，他们就不太可能有内在的动机去好好表现。如果你不尊重他们，他们为什么要尊重你？但是，如果你对你的孩子有同情心、倾听并回应他们的需求，他们就会更愿意以让你感觉良好的方式来表现——因为这也会让他们感觉良好。

赞美还是不赞美？

这是一个令人困惑的问题。虽然它看起来很无辜，但它可能比惩罚或奖励某些行为更有害。

你对你的孩子说过多少次"干得好""乖儿子"或"乖女儿"？当你对他们说这些话的时候是全神贯注还是随口敷衍？了解孩子们的感受的一种最佳方式，就是思考工作中领导对你的评价。在这之前，你一直在尽你所能地为一个项目努力工作，并全力以赴。你牺牲了个人时间，在工作时间之外努力地投入工作。你为自己所取得的成绩感到骄傲，你为自己遇到困难、受到质疑时的坚持不懈感到自豪。现在想象一下，你的老板只是看着电脑屏幕，点点头说："干得好，好姑娘！"你会有什么感觉？被重视？被尊重？被注意到？接下来，想象一下同样的评价，只不过这次你的老板说："我必须承认，我真的为你在这个项目上所做的努力感到骄傲。我知道你为此付出了大量的时间和精力，我看到你经常把工作带回家，而且每天都来得很早。虽然当中遇到了不少困难，但你依然坚持了下来。"这又会让你有什么感觉？

那么，当我们说"好孩子"时，对孩子来说意味着什么呢？他们知道"好"是什么意思吗？他们知道自己做了什么让你开心吗？而当我们说"干得好"的时候，他们知道自己做好了什么吗？如果他们实际上没有取得什么成就，但却坚持了好几个小时，每次都以"失败"告终，无论是系鞋带、将一个形状放入形状分类器中，还是搭建一座积木塔。他们的努力就不值一提吗？父母的大多数表扬都是极其粗略和肤浅的。它关注的是结果而不是努力的过程，并且没有告诉孩子他们做了什么，他们应该做什么，或者他们给别人的感觉如何。

赞美应该是具体的。与其说"做得好"，不如说"我发现你一直在搭这座塔，你花了很长时间才把它搭起来，是吗？"表扬需要让孩子知道你对他们的行为感兴趣，所以，与其说"亲爱的，这幅画很可爱"，不如说"跟我讲讲你刚才画的那幅画，你为什么把猫涂成了橙色？"表扬需要关注孩子努力的过程，而不是只注重结果。比如，要在孩子学习的过程中对他说："学系鞋带很难，是吧？但是你这么努力地学习，一定能学会的。"而不是在他学会了系鞋带之后才说："干得不错，你做到了！"

有三件事情你不应该赞美孩子，那就是他们的外表、他们无法改变的特征，以及他们的饮食习惯。原因如下：

• 称赞孩子的外表，会让他们在很小的时候就开始关注自己的身体形象。如果他们觉得自己的价值只基于他们的外表，这就有可能对他们的成长产生负面的影响，使他们认为自己必须保持苗条或美丽才能得到他人的爱。

• 赞美孩子无法改变的东西，比如他们的智力或运动天赋，实际上会损害他们的自尊。从另一方面来说，赞美他们能控制的、重要的是可以改变的事情，会给他们带来动力，让他们做得越来越好。

• 称赞孩子的饮食习惯，尤其是"好"的饮食习惯，会让他们在成长过程中与食物建立起一种非常不健康的关系，导致他们只有在吃了很多食物后才会感觉良好，或者忽略了自己的喜好和饱腹感的提示。

同时，也要考虑你对孩子的赞美程度。如果你过度赞美了他们会发生什么？研究表明，表扬会抑制孩子的内在动机。[51]当然，你希望他们做事情是因为他们想做。但如果你不断地表扬他们的行为，就有可能让他们为了取悦你、赢得你的赞扬而去做。从某种意义上说，对表扬的回应是一种服从，与来自同伴的压力一样。大一点的孩子经常会做一些事情以融入他们的同伴，获得他们的认可。而年幼的孩子如果在成长过程中所做的每件事情都需要不断的赞美和保证，就会落入这个陷阱，他们长大后就更有可能屈服于同伴的压力。

转移注意力是个好主意吗？

许多家长都会将转移注意力作为处理孩子不良行为的一种好方法。如果你可以用一些东西来转移孩子的注意力，那么他们发脾气的情况就会减少，或者可能在一开始就可以避免。但是，转移注意力对孩子有尊重和同情吗？想象一下你在以下场景中的情形。你和朋友们在公园里野餐。你刚刚和你的伴侣大吵了一架，非常生气。整个上午你都在努力"忍耐"，但现在你真的到了忍无可忍的地步。突然，你尖叫起来，"啊——"然后开始哭泣。这时，你的朋友拿起一块蛋糕说，"看，纸杯蛋糕，上面有你喜欢的粉红色糖衣，这可是你的最爱，快吃吧！"他们没有提到你在大家面前表现出的愤怒，也没有提到你的委屈。这会让你有什么感觉？这能让你觉得自己被认可了吗？你会觉得自己的感受对朋友来说很重要吗？你会觉得他们是站在你这一边的吗？这对你处理自己的情绪有帮助吗？我不太确定。在很多情况下，把转移注意力作为控制行为的一种手段是对孩子的极其不尊重。从某种意义上说，它是在告诉孩子："我现在无法应对你的情绪，所以让我们假装你没有这种情绪"。

但是转移注意力就一定是坏事吗？不一定。这取决于是什么导致了这种行为，以及你孩子的感受。如果他们在托儿所想玩一辆红色的玩具车，但是另一个孩子抢先玩了，那么可以说，"看，亲爱的，这辆蓝色的汽车看起来不错，我们来玩这个吧"。只要你能识别并回应他们可能表现出的任何愤怒和失望的情绪，这样做就是可以的。

温和的管教

在处理幼儿的挑战性行为时，温和的养育方式是什么样子的？

• 首先，要了解什么是正常的儿童行为。你的孩子有可能在他们的年龄段表现得很正常，知道了这一点，处理起来就容易多了。不断提醒自己，你的孩子正在经历一个棘手的阶段，他们的行为是他们表达自己情感的方式。他们并不是想操纵、惩罚或者激怒你。

• 接下来是同理心。试着从孩子的角度看问题。他们可能有什么感觉？他们在发脾气之前是什么感觉？在发脾气的时候及发脾气之后又是什么感觉？

• 了解孩子某种行为的触发因素，这样你就可以尽量避免引发这种行为的情况。

• 发脾气对你的孩子来说是很可怕的，所以这时候不要忽视他们，而是要试着安慰他们。

• 试着在孩子的水平上与他们进行交流：弯下腰，这样你就能和他们平视，使用简单的词语和简短的句子。不要忘记，拥抱也是一种沟通，就像你在说："没关系，我在这里等你，我爱你。"但如果他们不想和你拥抱，不要生气或担心，只要在他们准备好了的时候在他们身边就可以了。

• 描述你希望孩子表现出的行为，而不是你不希望看到的行为。比如说，"我们使用温柔的手"，而不是"不要打人"。正如我们所看到的，你蹒跚学步的孩子的大脑处理方式与你的不同，如果你不断重复"不要这么做"（说出不希望的行为），相当于你在告诉孩子去做这个行为。同样，"不要打人"也并没有告诉孩子你想让他们做什么。

• 记住，你的孩子对自主权的需求与对你的依赖之间的矛盾，导致他们每天都在挣扎。让他们对自己的生活有更多的控制权，可以极大地改善他们的行为。因为三明治被切成正方形而不是他们想要的三角形而生气，在你看来可能是一件很可笑的事情，但对孩子来说，在那一刻，这是他们世界里最重要的事情，所以尽量不要轻视他们的感受。

• 给情绪命名：如果你的孩子在别的孩子抢走他们的玩具时发脾气，试着通过给它们命名来帮助他们认识自己的情绪。例如："我看得出你很生气"，或者"当他拿走你的玩具时你真的很伤心，是吗？"帮助他们做到这一点，久而久之，他们就能理解自己的感受，以后，当他们能说话的时候，就能自然而然地向你表达出来。这也有助于验证他们的情绪：伤心、生气还是愤怒。

• 塑造孩子行为的最好方式，是教他们以一种更能被社会接受的方式来表达自己的感受。如果你想让他们保持冷静和尊重，你就应该和他们一起这样做，大吼大叫和专横跋扈只会让他们很快就变得和你一样！当你的孩子正在发脾气，而你感觉自己越来越愤怒、声音的音量越来越高时，记住这一点尤其困难。在许多方面，养育子女都是为了完善我们自己，培养我们自己的新行为。我们必须学会把自己身上那些不那么积极的个性特征消灭掉。这往往是为人父母的艰难之处，因为你开始意识到自己身上存在的你从未意识到的缺陷。

• 当你在帮助孩子管理他们的行为和感受时，永远不要在意别人的看法。当你的孩子在公共场合举止不当时，不要因为一个不赞成你的老太太对你指指点点，就去责骂或惩罚孩子。她的意见无关紧要。为人父母的一部分就是要学会在面对他人的意见时变得厚脸皮。

以下是我从一位母亲那里收到的关于她蹒跚学步的女儿在公共场合发脾气的问题，以及我的回复。

问：我 2 岁的孩子突然开始在公共场合大发脾气。其中大部分是无缘无故的爆发。在她发脾气时，我无法安慰她，因为她会攻击我。这让我们俩都很沮丧。我知道这很正常，但我不知道该怎么做。她是一个相当内向和害羞的孩子，会回避别人，尽管我很善于社交。

答：我想知道这是否是因为在公共场合和周围人在一起而引发的。如果她是一个内向的孩子，她可能会对周围的人、景象和声音感到不知所措，并因此而感到焦虑。同样，她也会因为自己的个人空间被侵犯而感到不安。如果你是一个外向型的母亲，而你的孩子却性格内向，这对你来说的确很难应付，但有时候多陪他们待在家里是最有帮助的。如果你性格外向，要理解她需要"躲避"别人，这不是你能改变的，而是你应该接受的。

咬、推、挤、打、扔

如果你能给我找到一个从不咬人、推人、打人、扔东西的小孩，我就能给你找到一头会飞的猪。所以说，根本不存在这样的孩子。这些行为只是孩子小时候的一部分，并不意味着孩子"淘气"或者"坏"，在大多数情况下，也不是"坏父母"的反映。对于大多数孩子来说，这种行为只是正常的生理现象，而且通常是由以下一种或多种原因造成的：

• 沮丧（他们不能拥有某样东西或做某件事情，或者可能是因为他们被强迫做一些他们不想做的事情）。

• 感到不快乐、悲伤或没有安全感（可能是在新弟弟或新妹妹到来、搬家或开始上幼儿园之后）。

• 大脑发育不成熟，导致缺乏冲动控制，无法调节他们的大情绪或者理解他们行为的后果，以及缺乏同理心。

• 无法应付别人对其个人空间的侵犯。

• 缺乏锻炼、身体不适或者在玩耍中遇到了问题。

• 疲劳或过度刺激。

• 需要成年人的关注和联系。

- 单纯享受身体的感觉——这一点在咬人行为中尤为明显。

- 过于严厉、专制或控制欲较强的养育方式。

- 模仿其父母或其他成年人或与他们关系密切的儿童的行为。

处理打人、咬人、推人和扔东西的最简单的方法，就是找出触发这些行为的原因，然后尽量避免这些诱因。重要的是，要留意孩子的各种情绪暗示。通过与你的孩子重新建立联系，花更多的时间陪他们玩耍、打闹、享受有趣的"特殊时间"，这些不受欢迎的行为通常会大大减少。让你的孩子对他们的日常活动、选择和自我照顾有更多的控制权，也有很大的帮助。

想出一个策略来帮助"当下"。第一步，也是这里的关键，是你：当你的孩子有暴力行为时，你的反应和你的行为可能是预测你能否消除这种行为的最重要因素。记住，你是在向你的孩子示范你希望从他们身上看到的行为，这意味着你需要在任何时候都保持冷静、善良和尊重。如果你对孩子大喊大叫、打他的屁股、让他停下来或将他放在顽皮阶梯上，你就有可能使这种行为在未来几年内循环下去。在这里，你要做的就是在孩子的行为和你的反应之间留出很大的空间。

一旦你花时间让自己冷静下来后，就该全神贯注地回应你的孩子了。放下电话，暂时放弃你的谈话或购物，把注意力集中在你的孩子身上，什么都不做。这时，你还需要保证他们、你自己和其他任何人的安全，远离道路和危险物品。接下来，冷静而简单地告诉你的孩子他们做错了什么，为什么做错了。你可以说，"我们的手应该很温柔。你的手不够温柔，现在小约翰尼在哭"，或者，"噢，请温柔一点"，或者，"停一下，玩具车要停在地板上，这样我们才不会打碎东西"。然后，帮助孩子理解并说出他们的感受："我知道你不喜欢他抱你，生气是可以的，但你不应该打人。""咬我的感觉好吗？你的牙齿痛吗？"或者"你不想待在这里了吗？"然后，帮助孩子找到一个更容易被接受的替代方案。你可以说："如果你想打人的话，就来打这个垫子好吗？""我给你一个苹果让你咬，怎么样？"或者"我们到花园里去吧，这样你就可以把球扔来扔去了好吗？"

然而，重要的是要意识到，温和的回应并不会引发神奇的反应，也不会阻止你的孩子第二天以同样的方式行事。在他们的大脑发育成熟之前，你将会看到更多类似的行为，但是，通过你持续一致的反应（我无法强调这种一致性有多么重要），你的孩子将会学习，并且随着时间的推移，这种行为将会停止。这可能需要几周、几个月甚至几年的时间。事实上，只有三样东西可以彻底消除这些完全正常的行为：时间、耐心和理解。而最后这两样，你将需要一箩筐。

边界和限制

许多人认为温和的育儿方式"太过于以孩子为中心"。温和的父母经常被指责"溺爱"他们的孩子，或者"不敢管教，怕把孩子弄哭"。然而，反对者的表现是对幼儿心理学和他们所攻击的育儿理念的误解。不过，考虑到孩子大脑的正常发育水平，富有同情心和尊重的养育方式同样需要管教。为我们的孩子设定边界和限制会让他们更有安全感，并为他们提供一个安全的环境去探索世界。了解人们对他们的期望，有助于他们知道什么样的行为在社会上是合适的，什么样的行为是不合适的。如果我们不设定边界和限制，实际上是对他们的发展缺乏重视的表现，但这里的重点是，管教应该是与年龄相适应的，并且是出于尊重的。

有时候，事实上经常如此，强化界限会让你的孩子感到心烦意乱。但是，那些对孩子充满同情心和尊重的父母，并不害怕孩子会因为他们试图加强限制而哭泣。温和的父母足够强大，能够忍受因强制执行界限而在孩子身上出现的强烈情绪。

那些有同情心的父母也知道说"不"或"停止"是多么的重要，但是他们会考虑他们为什么要这样说，以及是否真的有必要。那些富有同情心和尊重孩子的父母理解对管教和限制的需要，就像他们尊重和重视对依恋和爱的需要一样，因为孩子确实需要这两者才能茁壮成长。

为什么你不应该害怕让孩子哭？

允许你的孩子哭，并且仍然表现出尊重、同情和理解是完全可能的。让你的孩子哭是育儿当中正常而且非常必要的一部分，关键在于当他们哭的时候你如何回应。

想象一下，你感到非常沮丧。巨大的悲伤席卷着你，以至于你无法停止哭泣，沉重的抽泣使你全身发抖，伤心欲绝，而你根本无法控制住眼泪或抚慰自己。现在，从以下两种情况中选择一种。

场景一：你的伴侣或朋友看到你在哭泣，问你是否还好。你太难过了，无法回应。然后，他（她）说，"没关系，你没事，会好起来的"，接着就用胳膊搂住你，给你一个大大的拥抱，然后关上门走出房间。或者他（她）并没有离开房间，只是坐在你旁边的椅子上，不碰你、不跟你说话，也不看你。这对你会有帮助吗？你会感到悲伤、孤立或孤独吗？

场景二：你的伴侣或朋友看到你在哭泣，问你是否还好。你太难过了，无法回应。然后，他（她）问你是否需要一个拥抱。你点点头。想象一下，当你投入他们的怀抱，感受他们的双臂拥抱着你，你会有一种如释重负的感觉。他们说，"我就在你身边，哪儿也不去"。他们的臂膀告诉你，他们很在乎你，也足够坚强，能够在你流泪的时候陪伴着你。他们不会轻视你的感受，随口对你说句"没关系"。你继续哭泣——你的情绪是如此强烈，以至于你无法停止——但是你知道有一个人在关心你，他（她）有足够的力量来包容你的眼泪，让你感到被爱，并且让你知道你并不孤单，这对你的帮助是无法估量的。

场景二是当你的孩子在哭（也许是因为你），而你温和地回应时会发生的事情。温和的父母经常让他们的孩子哭泣，重要的是其后的反应。

当孩子不停哭泣的时候

作为父母，请记住，你的目标不应该是阻止孩子哭泣，而是要在孩子哭的时候表现出自己的同情心，在孩子还不成熟、无法调节自己情绪的时候，当好一个外部的调节者。作为父母，你的价值不应该用超人的能力，即总是能阻止他们哭泣来衡量。你要足够强大、足够成熟、足够冷静地去包容孩子的眼泪，当他们最终停止哭泣的时候，你还能在他们面前安慰他们。

当我们不能满足孩子的需求（或不能理解他们）时

我们不能满足孩子需求的原因有很多。对于年幼的孩子来说，通常是因为我们根本不明白他们为什么会难过。有时候，孩子自己也不知道为什么。我们每天的这些小"失败"其实是他们成长的重要组成部分，最终会导致他们在时机成熟时与我们分离。

做到"足够好"真的就够了。如果你的孩子哭了，而你不知道他们为什么哭，你只需尽一切可能地去安抚他们，并试图了解他们的需求。如果他们不能停止哭泣，也不要太在意。事实上，在我看来，陪一个哭泣的孩子坐着就已经"足够好"了。在这些时候，一直陪在他们身边是需要勇气和耐心的。作为父母，你永远不应该害怕孩子的眼泪。只要你能保持同理心，理解他们的需求并做出反应，他们哭也是正常的。

当孩子撒谎和当我们对孩子撒谎时

当孩子撒谎时该如何处理，是许多父母最关心的一个问题。但在你考虑如何应对这种情况之前，你首先要搞清楚他们为什么撒谎。当然，在这个年龄段，孩子撒谎的首要原因是为了取悦父母。当你问孩子"你把玩具放好了吗？"或者"你穿鞋了吗？"他们知道能让你满意的答案是："是的。"同样，当你问"你在墙上画画了吗？"或者"你把早餐麦片倒在地上了吗？"他们知道回答"是"很可能会让你不高兴或者生气。他们不想让你生气或难过，所以会回答"没有"。从这个角度来看，很明显，如果我们想要鼓励孩子说实话，我们的反应是至关重要的。

在不知不觉中，我们几乎每天都在鼓励幼儿说谎。想象一下这样的场景：在公园里，你的孩子把另一个孩子从他们想玩的游乐设施上推了下来。你会让你的孩子对另一个孩子说"对不起"吗？大多数家长都会这样做。教我们的孩子说"对不起"，就能让他们变得懂礼貌吗？但如果他们不道歉呢？那我们该教他们做什么呢？我们知道，年幼的孩子没有足够的同理心来真正理解他人的感受，也没有足够发达的大脑新皮层去理解他们行为的后果。只有这两者都具备了，孩子才会因为推了另一个孩子而真正感到抱歉。因此，他们并不会道歉——也不可能真正道歉——当我们让他们说"对不起"的时候，我们不过是在教他们撒谎。

作为父母，我们有没有对孩子撒过谎呢？通常情况下，几乎每天都有。我们说"等一下"的意思，其实是 5 分钟、10 分钟甚至更长时间。当我们告诉他们我们在看着他们时，实际上我们可能在打电话。当我们说"也许明天吧"，通常并没有打算明天真的去做。那圣诞老人、复活节兔子和牙仙呢？这些都是谎言，尽管这些谎言的出发点是为了孩子。但是，如果我们希望我们的孩子诚实，重要的是，首先，我们要停止对他们说谎，其次，我们不要鼓励他们说谎。出于这个原因，许多温和的父母选择不对孩子说关于圣诞老人、复活节兔子和牙仙的谎话。

在这里，联系同样是至关重要的。如果我们希望我们的孩子说实话，就必须让他们足够信任我们，让他们知道无论真相是什么，我们都不会减少对他们的爱，同时我们的行为也会证明这一点。

鼓励身体自主权

在这个年龄段培养孩子的身体自主权——也就是他们对自己身体的控制权——永远都不会太早。作为父母，当孩子不想被触摸时，我们要确保他们不被任何人触摸的需求，不管是触摸哪里。我们希望他们长大后，如果有人对他们做了他们不喜欢的事情，他们能够说"不"。在这个年龄段，你如何对待你的孩子，关系到他们在青少年时期如何对待自己的身体。

许多父母在这个年龄段破坏了孩子的身体自主权，甚至没有意识到这一点。小时候，你有没有被逼着"给奶奶一个吻"或"给爷爷一个拥抱"，尽管你真的不想这样做？我当然有过。但是，在这种情况下，我们在教孩子如何看待他们的身体和他们的同意呢？我们是否应该教导他们，他们的同意很重要？尽管当你的孩子拒绝与埃塞尔叔祖母吻别时，你可能会很尴尬，但允许孩子自己决定和谁进行身体接触，这对他们的身体自主意识很重要。

与此相关的是，许多父母都在为不知道该如何称呼孩子的"私处"而苦恼，往往会用一些做作的昵称来称呼。从身体自主和同意的角度来看，让孩子尽早知道这些部位在解剖学上的正确名称是非常重要的。原因主要有以下两个方面：首先，如果发生了什么事情，他们需要能够准确地说出自己身体的哪个部位被触碰了，而不会与昵称的原本语义相混淆；其次，用正确的解剖学名称来称呼身体的某个部位，可以消除孩子将来可能出现的任何尴尬或羞耻。所以，小男孩应该知道阴茎和睾丸这两个词，小女孩应该知道外阴和阴道这两个词（以及两者之间的区别——外阴是外生殖器，阴道是内生殖器），而且他们不应该因为使用它们而感到尴尬。他们也不应该害怕触摸自己。告诉孩子"别碰，这很脏"会让他们在成长过程中与自己的身体产生一种非常不舒服的关系。小孩子触摸自己与性无关，也没有不适当之处。这感觉很好——没有别的了——而且他们经常这样做。当他们独自在家而不是在超市时，他们需要被温柔地鼓励那样去做。

玩耍的重要性

玩耍可以帮助你的孩子更好地控制自己的世界。这也是他们释放强烈情绪的一种有效方式。

尽量不要指挥孩子的游戏，尽管当他们把一棵树涂成粉红色，或者当他们第 20 次把拼图放错的时候很令人沮丧。重要的是，他们要按自己的方式做事情。尽量多花些时间陪孩子，同他们一起玩耍。理想情况下，你应该尽可能地让孩子来主导游戏。打闹嬉戏或者仅仅是同他们一起"胡闹"也是和孩子重新联系的好方法。很多时候，孩子的"不受欢迎的行为"是他们表达你没有给予他们足够关注的一种方式，特别是如果最近家里有一个新出生的小宝宝、你刚刚重返工作岗位或者他们不久前刚开始上幼儿园或托儿所的时候。

玩具的问题

许多父母对自己的孩子无法独自玩耍很长时间，或者他们对玩具厌倦的速度感到绝望。如今大多数玩具最大的问题是它们的吸引力有限。形状分类器只是一个形状分类器：把形状放进洞里，就没有其他可玩的了。一台游戏机在按下按钮、珠子移动、木琴被敲响之后就失去了吸引力。大多数玩具都有特定的玩法，没有为孩子提供更多探索的空间。当孩子对既定的目标感到厌倦时，这个玩具对他们就不再有吸引力了。

随着孩子的成长，玩具的过量供给会扼杀他们的想象力。如今，大多数孩子能选择的玩具太多了，这也许是对现代儿童最糟糕的诅咒之一。我经常听到有些父母嘀咕："你应该庆幸你有这么多玩具。我小的时候，玩具都不及你的一半。"但这些父母是幸运的：他们的童年很可能充满了他们自己的孩子所缺乏的令人惊叹的虚构游戏。德国研究人员埃尔克·舒伯特（Elke Schubert）和雷纳·斯特里克（Rainer Strick）进行的一项研究表明，把玩具从孩子身边拿走，会让他们变得更有创造力和社交能力。[52]在这项名为"没有玩具的幼儿园"的实验中，所有的玩具都被从儿童身边移走，为期3个月，只剩下椅子和毯子。起初，孩子们很无聊，但他们很快就适应了，开始建起了洞穴，并享受着新的环境。实验期结束时，孩子们不仅在游戏中发挥了想象力和创造力，他们也变得更自信、更有社交能力，他们有了更好的人际关系，彼此间的摩擦和争斗也减少了。研究人员由此得出结论：孩子们会因为玩具的存在而感到"窒息"，而且当他们被玩具包围的时候更难集中注意力。

虽然拥有一个完全"没有玩具"的家的想法可能会让你感到恐惧，但舒伯特和斯特里克的研究中有一些观点是可以轻松实现的。首先，减少玩具供应——去掉那些几乎不玩或很少玩的东西。其次，考虑轮换玩具。实验结束时，玩具被重新送进幼儿园，孩子们看到它们回来非常高兴（俗话说"小别胜新婚"也适用于玩具）。所以，减少孩子的玩具供应和把一些玩具放在橱柜里一两个月，是一个让孩子对它们保持新鲜感的好主意。最后，永远不要低估日常物品的游戏价值。在实验中，是简单的椅子和毯子，但还有很多其他的选择。下面是一些例子：

- 纸箱——有很多的可能性：从宇宙飞船到房子。

- 旧手提包和钱包——装宝物的好选择。

- 玉米粉和水——可以制成一种奇妙的、令人印象深刻的胶状混合物。

- 泥巴、泥浆——泥巴派、泥巴模型、泥巴厨房等。

- 水——把玩具冻在冰块里、用水在人行道上"画画"、让小船浮起来等。

- 建造小屋——里面用毯子和床单，外面用棍子和树枝。

- 气泡垫——把它放在地板上，可以在上面跳跃和滚动。（一定要在你的监督下进行！）

- 塑料杯——非常适合堆放、倒水和舀水。

- 旧手机和遥控器——按下按钮，假装在控制东西。

- 旧的婴儿湿巾盒和纸巾盒——非常适合"张贴"东西和分类。

学前教育的开启

对许多孩子来说，这个年龄段预示着学前教育的开始。对一些孩子来说，这种转变可能非常顺利，但有些孩子可能会遇到困难。上学前班只有在孩子喜欢的情况下才有好处。如果离开父母对他们来说很困难，而且他们在幼儿园时看起来不开心、孤僻，那么尊重他们的选择，暂时不去幼儿园对每个人来说都会更好。有时，让孩子过早地离开父母会出现一些问题，简单地等待和推迟开始是最好的解决办法。

孩子们上学前班的年龄越来越小，有时对成年人的好处要比对孩子的好处多得多。一个理想的开始时间是在 3 岁左右，但显然这取决于每个孩子：有些孩子在 2 岁时就已经准备好了，而有些孩子直到 4 岁才做好准备。作为父母，你的角色是对孩子的需要做出反应。如果他们还没有准备好，就不要因为诸如"但他需要社交""让他离你远一点对他有好处"之类的评论而被迫过早地把他们送进幼儿园。我们知道事实并非如此。幼儿的主要社交活动是与他们的父母一起进行的，他们没有必要为了发展社交技能而去幼儿园。同样，如果一个孩子还没有准备好，我们就不能强迫其独立。

当孩子开始上学前班的时候，要确保你选择了一个有较好的负责老师和安顿计划的幼儿园。在英国，理想情况下，父母至少会有 2 到 3 次机会可以陪孩子一起度过适应期。这将使孩子有机会在开学前与他们的负责老师建立联系，从而使他们更容易地过渡到独自留在幼儿园。

这里有一些建议可以帮助你：

• 使用视觉提示。幼儿处理和存储信息的方式与成年人不同。在安顿过程中，你可以拍一些孩子与负责老师一起玩耍的照片，以便在家里和孩子讨论，从而帮助他们建立熟悉感。你也可以制作一个小剪贴簿，将孩子的幼儿园和负责老师的照片放在上面，让他们在家里经常翻看。

• 使用一个过渡性的物品。如果你的孩子已经有了一个安抚物，比如一个可爱的玩具，那么就应该将其一起带去幼儿园，千万不要让老师将它从孩子身边拿走。这个物品将帮助他们感觉好像有你的一小部分在身边。如果你的孩子还没有，那就尽量在学前班开始前一个月为他们引入一些安抚物。告诉你的孩子，如果他们想你了，就可以抱着安抚物，想着你。

• 一定不要在孩子哭的时候离开。即使工作人员鼓励你离开，也要尽可能地多待一会儿，直到你的孩子平静下来之后再离开。如果你还做不到这一点，那就带着孩子一起回家，第二天再试一次。可能需要几天甚至几周的时间，你才能愉快地离开。然而，强迫他们留下来不仅没有任何帮助，而且可能会让他们变得更加焦虑。当他们平静下来的时候，尽量用积极的态度和他们说再见。谈论他们将会做些什么，但不要告诉他们没有你他们也会很好，或者他们会很开心。这只会让他们更难过。最好这样说："我知道你今天要去画画，还要去公园，故事时间结束后我再回来接你。"

• 如果你的孩子无法在这里安顿下来，不要害怕寻找另一种环境。同样，如果他们只是因为离开你而感到挣扎，可以考虑将他们的入园时间推迟几个月。

欢迎新弟弟或新妹妹

对许多孩子来说，这个年龄段标志着一个新的弟弟或妹妹的到来。从过去来看，两个孩子之间的间隔通常是 3～4 年，生育和哺乳决定了两次怀孕之间的自然间隔。现在，随着母乳喂养的婴儿越来越少，或者母乳喂养的时间越来越短，女性两次怀孕之间的平均间隔时间接近两年半。研究表明，两次怀孕之间至少间隔两年可以提高大孩子的认知能力。[53] 让第一个孩子有充分的时间与父母单独相处，自然会增加他们与父母之间的互动，尤其是在陪孩子读书和一起玩耍的时候。进一步的研究表明，两个孩子出生的间隔不应少于 27 个月，以使每个孩子都有单独的时间与母亲在一起并得到母亲的关注。[54] 这种间隔可以让孩子产生强烈的依恋感，也给他们提供了发挥潜能的最佳机会。就健康而言，怀孕间隔至少 18 个月对母亲和婴儿来说都是最好的。[55]

在弟弟或妹妹到来之前，让孩子有足够的时间和父母在一起，也许是让他们平稳过渡到大哥哥或大姐姐的最好方法。从一个过来人的角度来看，利用间隙让孩子尽可能多地与父母一对一相处，是确保他们未来心理健康的最好方法。在孩子出生之前做好准备也会有所帮助。一个很好的方法是与孩子分享关于怀孕、分娩、婴儿和欢迎新弟弟或新妹妹的图书。让你的孩子参与产前检查和为新生儿购物是一个好主意——为新生儿挑选衣服或玩具会让他们更有参与感。

在新生儿到来的时候，确保大哥哥或大姐姐的生活尽可能保持正常和可预测。一旦日常生活被打乱，往往会让他们感到不安。这种情况通常发生在爸爸下班回家后，家里有很多访客，以及托儿所或幼儿园放假的时候。

让新哥哥或新姐姐参与到新生儿的护理中来真的很有帮助。试着给他们分配一项特殊的任务，比如负责给宝宝拿尿布，并且让他们在宝宝需要换尿布时提醒你。这种责任感可以帮助他们感受到被需要。买一个"新生儿"洋娃娃和一些尿布，在你给新生儿喂奶和换尿布时，鼓励他们给洋娃娃做同样的事情也会有所帮助。然而，最好的选择也许是为新生儿买一个好的吊带或背巾。这样你不仅可以满足新生儿被"抱着"的需求，也能腾出双手去和新哥哥或新姐姐一起玩耍。和你的第一个孩子相处的这段时间对他们如何处理这个转变至关重要。可悲的事实是，当你最想休息时，当你最希望和新生儿在一起时，却是你的大孩子最需要你的时候。

想象一下这样的场景：你回到家后，你的伴侣向你介绍他的新女友或男友。他告诉你，他仍然像以前一样爱你，但现在他有了新的爱人，这个人要搬来和你一起住了。他说，"没关系，我有足够的爱可以给你们俩"。你会有什么感觉？没有安全感？嫉妒？悲伤？生气？可能以上都有。这就是许多新哥哥和新姐姐的感受。他们自出生以来只知道他们与你的关系，现在又有新的人进入了。不管你对他们说多少次你仍然和以前一样爱他们，也不管在未来的岁月里会有多大的乐趣——他们所知道的一切都改变了，因此，他们的行为往往会倒退。

晚上醒来和拒绝睡觉、如厕训练退步、拒绝进食、不愿意去学前班、发脾气等，这些都是孩子对新弟弟或新妹妹到来的正常和常见的反应。而且这些反应很可能会在新宝宝到来后持续好几个月。你的孩子现在需要的是你的同情、尊重和联系，也许比以往任何时候都更需要。他们需要在没有新宝宝参与的情况下，尽可能多地单独和你在一起，他们需要你通过行动和语言向他们表明你仍然爱他们。

永远不要说"你现在是个大男孩了"，或者"你不再是小孩子了"。这两句话可能会给一个刚刚看到新弟弟或新妹妹的孩子造成极大的伤害。它们强调的是，只有婴儿才会受到爸爸妈妈的关注，而"长大"也许并不像人们所说的那么好。虽然他们可能想要"长大"，但此时做个婴儿对他们来说更有吸引力，这往往是他们行为倒退以及可能会用婴儿的语气说话、想要吃母乳或者再次使用奶瓶或奶嘴的原因。你的重点，甚至你大部分的时间和精力，都需要放在你的第一个孩子身上，而不是你的新宝宝身上，这就是背巾在最初的几个星期里可以帮上很大忙的原因。

以下是我从一位母亲那里收到的关于向两个孩子过渡的问题，以及我对她的答复。

问：你是如何"温和地养育"两个（或者更多）孩子的？我有一个 22 个月大和一个 8 周大的孩子。在一天中的不同时刻，当我正在满足一个孩子的需求时，另一个孩子的需求就不能得到满足。为了温和地养育我的第一个孩子，我投入了百分之百的精力，但如果同时面对两个孩子，我不可能对他们都投入这样百分之百的精力，总有一个孩子会被忽略。

答：你需要别人的帮助，即使不是带孩子，至少也要在家里帮忙，这样你才能专心做母亲，而不被其他事情打扰。接受任何和所有的帮助，如果得不到帮助，那就去寻求帮助，无论是从慈善机构还是从专门提供产后护理的机构。接下来，要考虑的是每个孩子的迫切需要。8周大的宝宝只需要与你接触、喂食和交流，所有这些都可以通过用背巾将他们抱在怀里来完成。与第一个孩子相比，你花在第二个孩子身上的时间太少了，这常常会让人觉得你好像忽视了第二个孩子，但是请放心，他们的需求已经得到了满足。

从很多方面来说，晚上都是与宝宝交流的最佳时机：夜间喂奶和抱着他们可以让你们得到在白天无法做到的一对一接触。但是蹒跚学步的孩子在白天最需要你的关注，你要保证每天至少留出30分钟的时间和他们一对一地相处（婴儿那个时候应该和你的伴侣、朋友或家人在一起，最好是在另一个房间）。一定要让你的孩子知道，这个时间段是每天都会有的——给它取一个特别的名字——让他们决定在这段时间做什么，把你的手机放在别的地方，把注意力完全放在他们身上。

最后，你也要照顾好自己，否则你将无法做到这一切。诸如好好吃饭、补充维生素、早睡、练习正念等真的很重要，因为同时照顾两个孩子会让人筋疲力尽，而且还将持续好几年。

看电视

研究表明，一个2～5岁的幼儿平均每周花在看电视上的时间多达32个小时。[56] 也就是说，他们平均每天要看四个多小时的电视。幼儿看电视并非没有风险。首先，幼儿看电视的时间一旦增加，他们花在玩耍上的时间就会相应地减少，尤其是创造性的玩耍和户外活动的时间，这并不奇怪。[57] 此外，它还减少了幼儿与父母和兄弟姐妹相处的宝贵时间。[58] 研究还表明，幼儿时期看电视会对他们的睡眠、体重、行为和学习成绩产生负面影响。[59] 即使他们观看的是专门针对儿童的电视节目，无论这些节目被认为是多么适合该年龄段的儿童，也不能否定这些影响的存在。

在这个年龄段，电视并不能提供良好的学习机会，孩子们需要通过在现实世界中的经验来学习。美国儿科学会（AAP）建议，2 岁以上的儿童每天看电视的时间应该控制在 1 ~ 2 个小时，而 2 岁以下的儿童则根本不应该看电视。

从睡眠的角度来看，儿童在睡觉前的 2 个小时内不应该接触电视或其他任何屏幕。[60] 除了高度刺激、使儿童难以放松之外，电视及所有电子屏幕发出的蓝光也是一个令人担忧的主要原因。众所周知，蓝光会抑制睡眠激素褪黑素的释放，它还会导致皮质醇水平上升，因为一旦眼睛感知到光线的存在，便会让人误以为是白天。即使孩子已经很累了，他们的大脑也会让身体继续保持清醒，被人造光所迷惑。为了让他们的睡眠激素上升，他们的大脑需要意识到这是夜晚。这一过程要在白色和蓝色光源亮度较低的环境下才能完成，这意味着即使是"就寝时间"的儿童节目也会影响到孩子的睡眠。出于这个原因，无论孩子的年龄多大，都不应该在他们的卧室里放一台电视机。

如何应对挑食？

挑食往往是许多 1 ~ 4 岁孩子的父母最关心的问题。他们的担心是正确的，因为生命的最初几年对孩子未来的饮食习惯起着巨大的作用，尽管并不像大多数人所认为的那样。研究人员发现，年幼的孩子更喜欢甜味和咸味的食物，而不是苦味的食物。从进化的角度来看，这些偏好可以保证孩子的安全——例如，在自然界中发现的可能使他们中毒的食物通常是苦的，因此他们会避免食用。孩子们天生就有食物"恐新症"，也就是说，从生物学角度来说，他们会本能地拒绝第一次尝到的食物。只有在反复接触这些食物后，他们的偏好才会改变，这保证了他们的安全，防止他们吃可能有害的食物。

但正是这些自然的、保护性的习惯，让很多家长苦恼不已。尽管科学家们认为，如果允许的话，孩子们在调节他们的食物摄入量方面可以做得相当好，而且最好让他们控制自己的饮食习惯。根据宾夕法尼亚州立大学营养科学系和儿童肥胖研究中心的研究员利安娜·伯奇（Leanne Birch）的说法：

> 尽管儿童在控制他们的摄入量时倾向于对食物的能量含量做出反应，但他们也会对父母的控制尝试做出反应。我们已经看到，父母的这些控制尝试会使儿童的注意力从对饥饿和饱腹感的内在暗示的反应上转移到外部因素上，如可口食物的存在。[61]

换句话说，好心的父母可能会让孩子无视或忽视自己的饱腹感信号，从而可能导致他们在成长过程中养成不良的饮食习惯。

另一点需要考虑的是，人类一天吃三顿"正餐"是不正常的。作为一个物种，我们应该少吃多餐。这是小孩子们常做的事。他们的饮食习惯是正常的，而根据时间来吃饭的成年人的饮食习惯才是不正常的。所以，如果你想让你的孩子学会理解自己的饥饿和饱腹感信号，允许他们随便吃点东西，而不是强迫他们吃早餐、午餐和晚餐，这是至关重要的。

为幼儿准备一个随时都可以取东西吃的吃食托盘是个很不错的主意。你可以将各种各样的健康食物放进这个托盘，你的孩子可以在一天中的任何时间自由取用（不需要你的允许或者帮助）。早上准备好托盘，把它放在孩子能够得着的高度，这样当他们饿的时候，就可以从托盘里拿走自己想吃的东西。虽然看起来他似乎吃得不多，特别是当他们没有坐下来和你一起吃早餐、午餐和晚餐的时候，但如果你仔细算一下他们一天中从托盘中吃到的食物（你可以根据需要补充并更换新鲜的食物），你会感到相当惊讶。

推荐的托盘食物包括：

- 奶酪块

- 葡萄干

- 黄瓜块

- 圣女果

- 鸡蛋切片

- 皮塔面包条和鹰嘴豆泥

- 牛油果片

- 鸡肉或火腿条

- 黄椒或橙椒条

- 煮熟并凉凉的小土豆

- 凉凉的熟面食

- 胡萝卜条

- 浆果

- 葡萄

- 橘子瓣

- 苹果块

- 小曲奇饼

- 甜玉米粒

除了使用"吃食托盘"，和孩子一起吃饭也会有帮助，但是如果你想让他们安静地坐着，尤其是在外出就餐的时候，一定要考虑一下你的期望是否现实。

以下是我从一个蹒跚学步的孩子的母亲那里收到的关于孩子饮食习惯

的问题，以及我的回复。

问：如果你的孩子经常不愿意吃你第一次摆在他们面前的食物，你会给他们提供不同的食物选择吗？

答：刚学走路的孩子天生就有恐新症，这意味着他们容易拒绝新奇的食物——他们在这方面保持警惕是很重要的，因为这会防止他们不小心摄入有毒的东西。我们知道，继续提供以前不被喜欢的食物确实有助于改变他们的偏好（在这个年龄，主要是甜和咸的口味）。然而，重要的是要明白，有些食物是你的孩子确实不喜欢的（最常见的是苦味），要尊重这一点。就我个人而言，我会在一个盘子里提供几种选择，包括他们喜欢的食物、新的食物和以前不被喜欢的食物。给幼儿提供许多种不同的食物通常比只给他们一顿饭要好得多。如果他们真的讨厌盘子里的所有食物，而且非常饿，我会提供一些他们通常很喜欢吃的比较简单的食物，比如粥或吐司，以确保他们不会饿肚子。蹒跚学步的孩子还太小，无法理解后果，因此，如果不给他们其他吃的东西，其实就是在惩罚他们。

如厕训练

在学习如厕的问题上，我可以给家长的最好建议是，一定要等到孩子准备好了，让他们自己决定，无论何时都可以。一些父母认为，婴儿出生时就已经准备好了，而且从出生开始就能够传达他们的如厕需求。这一概念通常被称为"排泄沟通"或"婴儿主导的如厕"。其背后的想法是，婴儿不喜欢被弄脏的感觉，他们能够识别自己的如厕需求，并将其传达给父母。这种如厕方式需要父母和孩子之间的密切联系，因此，在那些喜欢温和育儿的父母中越来越受欢迎。然而，在以前，婴儿通常都是用某种布、棉絮或植物材料包裹起来的。也有很多人用到早期的便盆，即让婴儿坐在老式的坐便椅上，直到他们排出尿液或大便。考虑到现代生活的限制，对于许多人来说，更主流的婴儿如厕方法，包括早期的尿布，是比较可取的。

只要有耐心，幼儿就能学会自己上厕所。如果你允许你的孩子自己决定什么时候上厕所，事情就会变得无比简单。很多如厕训练的问题（在本节中，我将使用"如厕训练"一词，因为这是当今社会最常用的术语）都是由于在孩子身体、心理或两者都尚未准备好的情况下就试图训练他们而引起的，结果导致了大量的压力、许多意外及远比等待要多的工作。幼儿准备好如厕训练的平均年龄约为 24 ~ 25 个月，日间如厕训练平均在孩子 3 岁前进行。夜间如厕训练往往要晚一些，可能需要一段时间才能实现。如果你的 3 岁或 4 岁的孩子在晚上仍然需要用尿布或者有尿床事故，这当然不是问题，而且如果孩子在 7 岁之前都没有接受过充分的夜间如厕训练，这也不是问题。

以下这些是孩子准备好如厕训练的常见迹象：

- 他们的尿布在早上可能是干的。
- 你的孩子可能只在白天大便。
- 你的孩子能意识到自己有小便或大便。
- 你的孩子可能会要求你给他们换尿布。
- 你的孩子可能会告诉你（口头或以其他方式）他们需要上厕所的时间。
- 你的孩子可能会要求穿裤子或短裤。
- 你的孩子可能会要求使用便盆或厕所。
- 你的孩子可能会对使用厕所的其他家庭成员产生兴趣。

当开始如厕训练的时候，需要强调的是，让你的孩子尽可能多地控制这个过程是关键。

这样做的方法包括允许他们：

• 选择他们的便盆。

• 选择便盆应该放在家里的什么地方。

• 选择自己的裤子或短裤。

• 每天穿短裤、裤子还是纸尿裤由自己做主。

此外，尽量使如厕行为正常化，可以与孩子分享有关如厕的图书，让你的孩子和你一起上厕所，观察哥哥姐姐上厕所，和孩子谈论上厕所或使用便盆的问题。

毫无疑问，我并不主张对孩子的如厕行为进行奖励。在我看来，这应该被视为正常的行为，其最终目的是教会孩子听从自己的身体及身体给他们的暗示。孩子如果为了获得贴纸或甜食而去如厕的话，根本达不到教孩子听从自己身体的目的，甚至可能会让他们为了得到奖励而无视身体的信号。更重要的是，如果你后来不再提供奖励，到时候他们甚至会在如厕方面出现退步。出于以上原因，我也不喜欢表扬孩子上厕所。这并不是说当你的孩子成功如厕时不应该受到鼓励，让他们对自己更有信心，但说一些类似"我敢打赌，你一定为自己在马桶里大便而感到自豪"的话要好过"好孩子，你大便了"。我们的孩子天生就渴望成长、探索和掌握新事物。对他们来说，自己的成功所带来的回报已经足够了。

在实际操作中，一定要确保孩子有很多备用的裤子和短裤，以及一到两套干净的衣服，尤其是当你不在家的时候。许多父母发现，如果在家里，让孩子从腰部以下裸露出来会比较容易操作。因此，在温暖的春季和夏季进行如厕训练是一个好时机，如果这与你的孩子的提示相吻合的话。

如厕问题

最常见的如厕问题之一是，假如你让孩子自己决定什么时候上厕所，他们就不能及时上厕所。这就是为什么对孩子来说，倾听他们身体的信号并学习什么时候需要马上去厕所、什么时候可以再等一会儿是如此重要。年幼的孩子往往难以辨别他们需求的紧迫性，尤其是当他们沉浸在游戏中时。因此，当他们意识到时为时已晚的情况是相当普遍的。这时你要做的就是观察孩子可能需要上厕所的任何迹象（用手摸生殖器、扭动身体、上下蹦跳、游戏时心不在焉、发出哼哼唧唧的声音等），当你注意到这些迹象时，问他们："你现在想上厕所吗？"这样做可以增强他们的能力，帮助他们认识到自己身体的紧急信号，这意味着随着时间的推移，尿裤子的事故将大大减少。

当孩子不可避免地发生意外时，永远不要责备他们或称他们为"淘气鬼"。记住，他们还在学习，重要的是他们要把如厕训练视为一件正常而积极的事情。所以，如果你的孩子没能按时上厕所，告诉他们，"没关系，每次都知道自己什么时候需要尿尿或排便有点困难，不过你很快就能学会的"。然后以一种非常平和的方式进行清理，并确保你永远不会因为不得不这样做而表现出任何的愤怒——无论你当时感到多么愤怒！

小孩子有大便问题是很常见的，通常与不适有关。要想让孩子更轻松地排便，最简单的方法之一就是确保他们的便盆足够舒适，他们的双脚可以平放在地面上。如果他们使用的是大马桶，就要准备一个凳子放在他们脚下。其实，孩子应该以蹲着的姿势排便，双脚稳稳地踩在地上——当他们这样做时，肛门周围的肌肉是松弛的，可以轻松地排便；而当小腿从马桶座上垂下来时，这些肌肉就会收紧，使孩子更难排便。另一个关于排便的问题是便秘的可能性，以及对先前便秘的记忆和恐惧，这可能会让一些幼儿不愿意去排便，并尽可能长时间地憋着。当然，这就会导致便秘、疼痛和恐惧的循环。除了在饮食上帮助幼儿、鼓励他们喝尽可能多的液体之外，你还可以试着找一些与如厕和恐惧有关的安慰故事讲给他们听，或者自己编造一个。最后，有些孩子不愿意在公共场所大便，他们需要在隐秘的地方进行。如果你的孩子是这种情况，可以考虑再买一个便盆，放在他们喜欢的隐秘的地方。

1~4 岁孩子的大脑发育

在这一时期结束时，普通孩子大脑中突触（联结）的数量大约是一般成年人的两倍。这是因为成年人的大脑已经被"修剪"掉了童年时没有加强的最薄弱的联结。因此，培养一个快乐、自信、情商高、智商高的孩子的最好机会，就是强化那些你最希望他们在以后的生活中表现出来的行为。最好的方法就是用你希望孩子对待别人的方式来对待他们——所以要通过谈话和故事阅读与他们进行大量的交流，让他们置身于一个尽可能丰富、多感官的环境中。

这个年龄段孩子的大脑已经达到了成年人大脑的 80% 到 90%，处理信息的速度也在迅速提高，尽管他们的额叶——大脑中负责思考和决策的部分——仍然极不成熟。这意味着在做决定、应对情况和规范行为方面，他们的表现仍将是不成熟的。

1~4 岁孩子的睡眠

虽然没有人可以一觉睡到天亮，即使是成年人也不例外，但可以预期，在这个阶段的某个时候，你的孩子可能会在整个晚上断断续续地睡觉，而不需要你的帮助来重新入睡。然而，并不是所有这个年龄段的孩子都能够做到这一点，需要父母参与的夜醒仍然是一个普遍的特征。

学步期和学龄前儿童的睡眠很复杂。虽然大多数孩子应该能够在不需要奶水的情况下坚持睡一整夜，但与婴儿期相比，在这个年龄段可能有更多的原因导致他们醒来并需要你的帮助。夜惊、噩梦、饮食、新弟弟或新妹妹的影响及开始去幼儿园等，这些都会对孩子的睡眠产生重大影响。从生理角度来看，避免食品和药品中的人工添加剂可以发挥重要作用，让你的孩子通过饮食摄入足够的欧米伽-3 和镁也可以起到作用。

噩梦和夜惊都是这个年龄段相当普遍的现象。它们的区别在于：噩梦发生在浅睡眠阶段，孩子醒来后会感到害怕，往往会记得这个梦；夜惊发生在孩子熟睡的时候，当他们醒来的时候不会有任何的记忆。

在可能的情况下，可以通过识别和排除噩梦的诱因来处理噩梦。例如，他们可能是对生活中发生的新事件感到焦虑，也可能是因为最近听到的故事或者在电视上看到的一些东西。在睡觉前与孩子一起玩精心设计的"怪物狩猎"游戏，给孩子喷洒一些"怪兽喷雾"（将水、食用色素和闪光粉装在一个透明喷雾瓶中）会非常有帮助。睡觉前，孩子可以在他们的房间里使用怪兽喷雾，也可以把它放在手边，以防他们被吓醒。同样，让孩子在晚上照看一个可爱的玩具是非常有效的，尤其是当他们认为这个玩具很害怕的时候，因为这可以让孩子将他们的焦虑转移到玩具上，然后以一种安全的方式处理他们自己的情绪。

夜惊更难应付，因为通常没有任何原因，除了遗传因素（异睡症——睡眠障碍，如夜惊、梦游和梦呓——往往是家族性的）。在夜惊期间，最重要的是要确保孩子的安全。他们可能看起来像是醒着的，睁着眼睛，剧烈地扭动着身体，四处乱跑，但其实他们睡得很熟，需要你的帮助才能确保他们不会伤害到自己。在孩子夜惊期间陪着他们，但不要试图叫醒他们或与他们交谈——这没有意义。从许多方面来说，父母比孩子更难应付夜惊。如果你的孩子的夜惊是有规律的，那就提前十分钟叫醒他们，让他们保持清醒几分钟后再入睡，有助于打破这种循环。此外，研究表明，补充欧米伽-3 可能会有帮助。[62]

关于学步期和学龄前儿童的睡眠，需要考虑的一个重要问题是：他们应该什么时候睡觉。美国科罗拉多州的一项研究表明，睡眠问题可能是由于父母试图让孩子过早上床睡觉引起的，这与他们的睡眠化学指标有关。[63]研究人员对 2 岁半至 3 岁的儿童进行了研究，发现在晚上 7 点 40 分之前，褪黑素的平均水平并没有上升。在大多数父母试图让他们的孩子上床睡觉的半小时后，如果激素没有充分上升，那么不仅睡觉更具挑战性，而且孩子在夜间醒来的次数也会更多。所以，要等到你的孩子准备好了，也就是在晚上 7 点 45 分到 8 点的时候再让他们上床睡觉。在此之前安排一个平静的睡前仪式，可以让所有人都有一个更轻松的夜晚。

以下是一个 1 岁孩子的母亲关于她儿子睡眠问题的留言，以及我的回复。

问：我有一个关于 1 岁多孩子的睡眠问题要请教。什么时候期望孩子清醒地上床并入睡是合理的？这叫自我抚慰吗？我目前是抱着我的儿子在育儿椅上哄他睡觉。当他睡着后，我再把他转移到他的小床上。如果他在半夜醒来，就会到我们的床上来。要让孩子学会独自睡觉，我下一步该怎么做呢？

答：自我抚慰表明孩子在调节自己的情绪。例如，如果他们害怕，他们可以消除恐惧；如果他们愤怒，他们可以冷静下来；如果他们悲伤，他们可以振作起来。所有家里有幼儿的父母都会知道，他们在白天都做不到这一点，更不用说在晚上了。举个例子，想想你的孩子上次发脾气的时候：他能让自己冷静下来吗？一个年幼的孩子在没有父母帮助的情况下醒着上床，并愉快地入睡，这不是自我抚慰，他们只是在身体和精神上处于一种快乐和平静的状态，并且感到足够的安全，以至于能够入睡。这里没有发生任何安抚，有些孩子从小就会自然而然地这样做。但是注意区分让他们在床上自然入睡和让他们有任何情绪都去自己调节是很重要的。不幸的是，自我抚慰(心理学家称之为"情绪自我调节")的发展是一个生物学问题。你需要等待，直到你儿子的大脑发育到足以完成这个复杂的任务，在那之前，他需要你作为他的外部情绪调节器，并继续做你正在做的事情。

在孩子 1～4 岁时运用温和养育的七个 C

在孩子 1～4 岁时，你该如何实施温和养育的七个 C？

Connection 联系

在这个年龄段，联系绝对是至关重要的。与孩子建立牢固的亲密关系可以帮助他们处理自己的情绪，因为他们知道你会一直倾听他们，并在需要时安慰他们。通常情况下，这个年龄段的孩子出现行为问题的原因可能是想要与父母建立更多的联系，特别是如果家里最近有一个新弟弟或新妹妹出生、父母重返工作岗位或者孩子刚开始上幼儿园的时候。

Communication 交流

在某些方面，交流变得更容易了，因为在此阶段结束时，大多数孩子将能够用语言表达他们的许多需要。然而，在这个年龄段的早期，孩子的语言表达能力要差得多，行为仍然是他们的主要沟通方式。一个发脾气的孩子并不是一个"淘气的孩子"，而是一个正在经历着巨大情绪的孩子，他在试图告诉我们，在他们的世界里一切都不太对。

想想你和孩子交流的方式：站在他们的高度，使用他们能够理解的、清晰简单的词语。告诉你的孩子你想让他们做什么（例如："请慢慢走"），而不是告诉他们你不想让他们做什么（"不要跑"）。也要记住，你是孩子的榜样：你如何沟通，他们就会如何沟通。如果你大喊大叫，你就是在告诉你的孩子，他们也可以大喊大叫。因此，时刻注意自己的沟通方式是至关重要的。

Control 控制

这个年龄段正是孩子对控制权痴迷的时候。尤其是蹒跚学步的孩子，他们每天都在拼命地试图获得对自己生活的一些自主权。他们天生就有想要掌握新任务的冲动——事实上，这是他们成长和发展的方式——但如果我们不给他们适当的控制权，成长就永远不会发生。此外，如果一个蹒跚学步的孩子失去了对他们生活的足够掌控，他们就会被迫以父母不满意的方式去行动。孩子们在这个年龄段试图控制自己的生活的常见方式是通过他们的睡眠、饮食和上厕所。如果你对这些方面有任何担忧，请看看你给孩子的控制权有多少，以及如何增加他们的控制权。

Containment 包容

这个年龄段的孩子就像一壶没有盖子、冒着气泡的水：如果不加以控制，他们的不稳定情绪通常会爆发出来，所以父母的工作就是调节他们的情绪"温度"。我们需要足够强大、足够成熟，让孩子在我们的包容下释放情绪，分散它们，把空间和爱还给孩子。但只有当我们自己有足够的空间时，我们才能成为有效的容器。如果我们被日常生活的压力压得喘不过气来，我们就无法接纳孩子的强烈情绪。因此，为我们自己的情绪寻找一个出口是至关重要的，无论是伴侣、朋友、亲戚、妈妈群、电话求助热线还是写日记。

Champion 支持

在这个年龄段，怎样才能满足孩子的需求呢？这个清单几乎是无穷无尽的，但我们首先要考虑什么是真正有利于他们的，而不是你自己或其他人的利益。在这个年龄段支持你的孩子，通常意味着要忽视别人对孩子应该或不应该做什么的建议。这也意味着当别人对孩子的行为进行负面评价时，尤其是当孩子在公共场合发脾气的时候，你要站出来为孩子说话。

Confidence 自信

这里的自信有两个方面。首先，你要相信自己的育儿能力。在这个阶段，孩子会不断地挑战你的底线，而你的工作则是温柔地捍卫这个底线。然而，当孩子在不断地测试界限时，许多父母会质疑自己的选择，他们怀疑是否是因为自己的育儿方式才导致了孩子的某种行为。其次，当你的孩子在公共场合发脾气时，你还需要自信地无视他人的评论以及他们投来的反对的目光。请记住，温和地养育孩子并不意味着孩子不会发脾气——他们会发脾气，而且还可能会咬人、打人、推人。这些都是该年龄段孩子的正常行为。

接下来要考虑的是如何培养孩子的自信心。没有一个神奇的年龄段可以让孩子变得有自信，尤其是当他们不在你身边或者和别人交谈的时候。如果你的孩子比较内向和敏感，那么他们在这个年龄段及以后都仍需要你来作为他们的安全后盾。自信和独立是不能强迫的，强迫一个敏感而内向的孩子与你分离或与人交往，都不会得到预期的效果。要允许他们在你周围安全的环境中自由地探索世界。

Consistency 一致性

你必须对这个年龄段的孩子保持专注和一致性。你可能会觉得，你不断重复的这些话，诸如"噢，别咬了，很疼的""咬你的特殊项链吧"，永远不会有效果。许多父母期望很快就能看到效果，而实际上，可能需要几个月的时间才能温和地改变孩子的这些行为。这并不意味着你的方法没有效果——它只是意味着你在按照孩子的节奏进行，而他们正在学习。在这里，保持你方法的一致性是至关重要的，就像坚持你选择设置的任何界限和限制并每天执行它们一样。不要因为疲倦而忽视你通常无法接受的行为，也不要因为你回家晚而跳过睡前仪式。幼儿需要可预测性，这意味着他们需要你始终如一地执行任何常规和界限，否则生活对他们来说是非常混乱和相当可怕的。

第七章

成长的过程——4~7岁

我们不能总是为我们的青年创造美好的未来，但我们能够为未来造就我们的青年一代。

——富兰克林·德拉诺·罗斯福（Franklin D. Roosevelt），美国前总统

养育一个 4~7 岁的孩子是非常有意义的事情。你会经历很多的第一次，当你看着孩子成长并走向外面的世界时，你会感到无比的自豪。然而，这个年龄段的孩子也会给父母带来很多挑战，包括父母必须做出的决定，以及如何应对孩子的行为和与他人的关系。例如，男孩和女孩在这个年龄段是否应该被区别对待，这是家长们经常讨论的问题之一，本章将对这一问题和其他问题进行讨论。

顶　嘴

在写这本书的时候，我询问了很多 4~7 岁儿童的父母，他们在这个年龄段最关心的问题是什么，而"顶嘴"位居榜首。当你开始认为你知道你在和一个蹒跚学步的孩子或学龄前儿童做什么时，他们会突然变成一个活泼的 5 岁小孩，对你说的每一句话都要进行反驳或质疑。

不过，顶嘴也不全是坏事。大多数父母都希望自己的孩子长大后能成为一个自由的思想者，勇于挑战现状，尤其是在不公正的情况下。毕竟自信、执着和雄心壮志对成年人来说都是积极的特质，那么为什么在孩子身上我们就将其看成是负面特质了呢？如果你十几岁的孩子正在就她认为不正确的事情而质疑老师，或者你的儿子因为同事受到了不公平的待遇而质疑老板，你可能会感到骄傲。同样，如果你的孩子勇敢地面对一个恶霸或者拒绝向同龄人的压力低头，你也会很高兴。然而，当我们的孩子质疑我们的动机和方向时，我们却认为这是粗鲁、无礼和不恰当的。许多事情都不可能两全其美。

一个经常顶嘴的孩子，可能是觉得自己没有受到应有的尊重。而教会孩子尊重别人的最好方法就是尊重他们。你的请求或要求尊重他们了吗？你已经完全解释清楚了吗？你的孩子明白你为什么要求他们做某件事吗？所有这些都能产生巨大的影响。

考虑以下两种情况：

场景一：在办公室辛苦工作了一天后，你头痛欲裂。你把孩子们从学校接回来，到家后才想起来当晚还有客人来访。你必须在两个小时内把乱糟糟的房间收拾干净并做好晚餐，准备迎接你的客人。这时候你的压力很大。而孩子们却在追来追去，高兴地尖叫着，把房间弄得乱七八糟，你的头更痛了。你大喊："住手！"然后说："快去整理你们的房间。"他们回答说："不，我们玩得正开心呢。"你回应说："不能再玩了，你们听我说，现在房间太乱了，需要整理一下，过会儿有客人来。"他们说："我们不想收拾东西，你不能强迫我们。"你们很快就陷入了僵局，最终演变成大喊大叫和威逼利诱。

场景二：在办公室辛苦工作了一天后，你头痛欲裂。去学校接完孩子，在回家的路上，你对他们说："孩子们，我现在头疼得厉害。如果我发牢骚了，真的很抱歉，但我现在很痛苦，这让我变得脾气暴躁。如果你们今天下午能安静一点，帮我把房间收拾好准备迎接今晚的客人，我将非常高兴。你们觉得自己能做到吗？"回到家后，你会说："我敢打赌，在学校辛苦了一天之后，你们一定想好好玩一下，对吗？不如你们先去外面玩半个小时，等时间到了我喊你们，然后我们再开始打扫房间，怎么样？这个主意好吗？"半个小时后，你把孩子们喊回来，说："快来看，这些是需要做的工作。我们怎样才能最好地完成它们呢？"让孩子们一起来解决问题，分担任务。当房间打扫干净后，你把孩子们叫过来说："我们合作完成得很好，不是吗？看看房间多整洁——我们真该为自己感到骄傲。非常感谢你们的帮助。"

场景二以尊重的态度对待孩子们，这更有可能使他们以尊重的行为来回应，很少或根本没有顶嘴的情况发生。尽可能避免顶嘴，意味着你要理解孩子的感受，并对他们有同理心。

顶嘴通常也是孩子在测试父母的界限，这并不是一件坏事。对他们来说，了解什么是可以接受的，什么是不可以接受的，这很重要。孩子的责任是测试界限，父母的责任是执行这些界限。父母如果不能持续地执行界限，就可能会助长孩子的逆反心理，而且往往会让孩子变得更加难以管教。但是，界限的执行应该在尊重和理解的基础上进行，重点是教育孩子，而不是惩罚他们。在执行界限和管教时，一定要把你自己和你的孩子看作是同一阵营，而不是对立的。

顶嘴通常意味着双方需要更多的联系和理解。你最后一次花时间真正陪孩子一起玩是什么时候？在繁忙的学校、作业、工作、俱乐部和课程中，你很容易忘记留出时间真正陪伴孩子。花一天时间陪你的孩子，除了玩乐和彼此聊天之外什么都不做，可以产生戏剧性的效果。你们在一起的这段时间，乐趣和欢笑越多越好。此外，每天都应该采取一些小措施来促进你与孩子的联系：每晚和他们一起躺在床上聊 15 分钟；在他们的午餐盒里放一个小纸条，上面写着"希望你今天过得愉快，我爱你！"画一幅你们俩在一起的小漫画，把它钉在他们的告示板上，以便他们以后查看；还可以多和他们拥抱和玩耍。

当孩子跟你顶嘴的时候，用幽默的方式来回应可以很好地化解局面。装出一副大嗓门，用搞怪的声音，扬起眉毛说："哦，所以你不同意这个母怪物的说法，是吗？好吧，让我们来看看谁厉害，因为它要来抓你了！"然后追着他们跑，威胁说要挠他们的痒痒。这可以产生很好的效果。

以下是我从一位6岁孩子的母亲那里收到的信息，她的孩子正在与自己的脾气做斗争，我给她的回复如下。

问：我们该如何帮助一个与愤怒和挫折做斗争的6岁女孩呢？目前我们使用了一些辅导和重塑的方法。她的挫败感似乎越来越严重了。我真的需要一种方法来帮助我的女儿理解和处理这些强烈的情绪。

答：你能做的最重要的事情就是找出她这么生气和沮丧的原因。她的生活中是否发生了一些她觉得无法控制的事情？她有兄弟姐妹吗？她在学校有什么问题吗——友谊方面或者学习上的困难？她需要你在家里多陪陪她吗？是不是饮食的问题影响了她？她是否有太多的屏幕时间而没有足够的时间在外面玩以发泄情绪？找到背后的原因是关键。

然后，重要的是要让她明白，感到沮丧或愤怒并没有错——每个人在某些时候都会这样——她只是需要温和的引导，然后以一种更积极的方式来释放这些情绪。在她的生活中加入大量的娱乐和幽默真的很有帮助，尤其是当你和她一起做傻事和打闹的时候。这样做的目的是让她开怀大笑，并最终让她在你面前更自在地哭——因为哭是她真正需要做的事情，可以释放她的情绪。让她把自己的感受画出来，或者用玩具把它们表演出来也会有所帮助。试着给她的感觉取个名字：让她描述一下她当时的感觉，看看你能否从中找到一个有趣的名字。下次当你看到她的早期征兆时，问问她的感觉是否是你所选择的那个名字，以及她是否需要一些帮助来解决这个问题。在她和你的关系上下功夫真的很有帮助——带她出去玩一天，只有你和她，并真正专注于与她建立联系。让她知道，无论她有什么感觉，你都很爱她，并站在她这一边。

家务和零花钱

许多人认为，家务和零花钱是联系在一起的，孩子只有做家务才能挣到零花钱。我强烈地反对这种做法。零花钱是童年的重要组成部分。它让孩子了解了金钱的价值及通过预算来管理金钱的重要性，以便他们长大后能够很好地掌管财务——这是许多成年人所缺乏的重要生活技能。我甚至认为，每周或每月无条件地给孩子零花钱和学习阅读或写字一样重要。

因此，从 4 岁开始，所有的孩子都应该得到适量的零花钱，而这与他们是否做家务或他们的行为没有任何关系。这意味着，如果表现得"好"，他们不会得到更多的零花钱；如果他们不做家务或行为不被父母所接受，他们也不会失去零花钱。每个星期或每个月的零花钱数额应该保持不变。当你开始给孩子零花钱时，你应该和孩子讨论并约定这些钱的用途。例如，除了圣诞节和生日之外，你可以同意孩子将钱花在购买糖果、杂志和玩具上，他们的衣服、文具、书籍和参加任何聚会的礼物你会另外帮他们购买。你可以决定给他们额外的津贴用于度假或短途旅行，或者这可能需要从他们的零花钱中支出。当你制订好这些规则后，坚持下去很重要。这意味着你不应该给你的孩子买那些本来应该用他们的零花钱来支付的东西，不管它们有多"好"。

如果你的孩子需要为某件事赚取额外的钱，你可以通过安排一些非日常任务为他们提供机会，比如洗车或给花园除草。除了提醒孩子为日后的大笔开销储蓄之外，你还可以鼓励他们考虑捐出一部分零花钱。这可以是为某个特殊的慈善活动、在商店外进行的当地募捐，或者每个月定期为他们关心的公益项目捐献一笔钱。

如何让孩子做家务？

问题的答案是：你不应该"强迫"孩子做家务。家务是日常生活中必不可少的一部分——就像刷牙、吃饭和睡觉一样。每个人都应该保持环境的干净整洁。这是很正常的事情，尤其是当你和其他人住在一起的时候。所以，做家务是没有商量余地的。它们不是"好"或"坏"的评价标准，也不是奖励或惩罚的机会。卧室应该保持整洁，每个人都应该把垃圾放到垃圾桶里，盘子应该拿到水池里，晚餐后应该把桌子清理干净。作为成年人，我们做这些家务不会得到任何报酬，我们的孩子应该跟我们一样。

让孩子从小就知道父母对他们的期望是什么，这一点至关重要。我在前面讨论了奖励某些行为的想法，研究表明，如果不再提供奖励，孩子们就不太可能重复这些行为。做家务也不例外。你可以用微笑来表示你的赞赏，让他们知道你已经注意到了这一点，除此之外，其他一切都不需要。对孩子来说，感受自己是家庭的一分子，知道你对他们很满意就足够了。

那么，如果孩子不做家务怎么办呢？一开始，你要多提醒他们，这需要你有足够的耐心。提醒的方式要轻松有趣，如"哦，我看到桌子上有个盘子，你觉得它会自己走到水池里去吗？"这比"看在上天的分上，你又把盘子放在桌子上了。我得提醒你多少次？"要好得多。在这项家务开始成为一种习惯之前，至少一个月的时间里你要每天重复这件事。不过，提醒应该只是提醒，而不是唠叨，因为唠叨可能会对孩子产生相反的影响。与此同时，你也需要考虑一下自己的行为：你是否总能把垃圾放进垃圾桶里，或者在吃完饭后把盘子放到水池里？如果你都做不到，那么你就不能坚持要求你的孩子这样做。你是孩子活生生的榜样。如果你的生活是一团糟，就不要指望他们，他们也会是一团糟。

后　果

后果有两种：自然后果和逻辑后果。自然后果是指由于孩子做了或没做某件事情而产生的自然反应。例如，如果孩子外出时拒绝穿外套，随后感到寒冷，这是他们自己决定的自然后果。如果他们拒绝整理自己的卧室，他们踩到一个玩具，弄伤了自己的脚，这也是他们决定的自然后果。

逻辑后果的重点是根据父母的反应来决定孩子行为的结果：例如，如果孩子拒绝停止玩游戏，父母可以决定在一定的时间内禁止他们再玩游戏。从本质上讲，逻辑后果只是另一种形式的惩罚，由父母用来给孩子长教训。然而，它们依赖于一定程度的大脑发育，而这个年龄段的孩子并不具备这种能力。

那么，在温和的养育过程中，后果也会起作用吗？我认为它们会，但对于这个年龄段的孩子来说，只有自然后果才会有作用。自然后果是孩子们认识世界的最重要的方式之一，前提是它们是安全的，绝不是作为一种惩罚或责备的形式。例如，如果一个孩子拒绝穿外套，父母可以直接把它带着，当孩子不可避免地感到寒冷时，他们可以说："我们不穿外套是很冷的，不是吗？我把你的外套带来了，你现在要穿吗？"他们不应该说："看吧，我早就告诉过你了，如果不穿外套的话，你会冷的。"

至于逻辑后果的"教训"，它们通常不会产生预期的效果，而且还会引起摩擦，影响父母和孩子之间的关系。因此，它们在这个年龄段的温和养育中没有什么作用。

敏感和害羞

对于这个年龄段的孩子来说，害羞和敏感是很常见的，尤其是在陌生人、不经常接触的人和新环境面前。鼓励孩子在新朋友面前或新环境中大方表现的最好方法，是让他们把我们当作他们情绪的外部调节器，而不是强迫他们独立。

对于性格外向的父母来说，要应付性格内向的孩子是非常困难的。父母和孩子的性格可能有很大的不同，而成年人往往很难理解他们的孩子。试着理解你的孩子在面对新朋友和新环境时可能与你的感觉不一样，并尊重这一点。他们所感受到的焦虑是非常真实的，即使你没有感受到或没有完全理解它。敏感和内向的孩子需要被人接受他们本来的样子，父母不应该试图改变他们。因为这很难改变，而且这么做往往只会让孩子的焦虑情绪更严重，并使亲子关系变得紧张。

试着把孩子的敏感视为一种积极的品质。永远不要说他们"害羞"，因为这个词被普遍认为是消极的。相反，你应该说你的孩子是敏感的或者感情丰富的，并帮助他们把这看成是一件好事。一些最内向、最敏感的孩子可能会非常富有同情心、理解能力和移情能力。他们可以成为很好的倾听者和很棒的朋友，这种能力和洞察力在很多工作岗位上都是一种优势。

一旦你接受了孩子的个性，下一步就是帮助他们在没有你的情况下更好地应对这个世界，同时尊重他们的极限，无论他们在你看来有多么极端。要做到这一点，需要循序渐进。例如，如果孩子在公园里玩耍的时候不想要你离开，你可以说："我只是向你身后退几步，你告诉我什么时候停我就停下来，怎么样？"下一次，他们可能会允许你再往后退一步，下次再退一步，直到最后他们可能会乐意你坐在离他们20步远的长椅上。对孩子的表现进行积极的评价："我敢打赌，今天我坐在长椅上的时候，你在滑梯上肯定觉得自己已经长大了，是吗？"此外，在可能的情况下，尽量减少孩子的压力。所以，如果他们还在为每天去学校而苦苦挣扎，你可以安排他们提前 10 分钟到达，和他们一起在教室里等待，在其他孩子都进来之前平静地和他们说再见。早晨操场上的喧闹和匆忙的脚步往往会让人难以忍受。

以下是我从一个敏感的小男孩的家长那里收到的信息，以及我的回复。

问：你如何鼓励一个在面对陌生人时缺乏自信的 4 岁男孩？例如，当超市的收银员问他一个关于他穿的化装服的问题时，他会躲在我身后，不愿意与她交流。

答：他现在还很小，很明显是个内向的孩子，对这种社会交往不自信。我认为尊重这一点很重要。出于这个原因，我会允许他做他需要做的事情来帮助他获得安全感，也就是回到你身边，他的安全基地。在这种情况下，我会蹲到和他一样的高度，问他是否希望我替他回答那位女士的问题，并问他希望我说什么，然后再回答那位女士。这样，你不仅尊重了他的感受，同时也回答了那位提问的女士。离开商店后，我会对他说："有时候当你不认识的人跟你说话时，是很可怕的，不是吗？"从而验证了他的情绪。这可能会在某个时候引发一场谈话，你们可以讨论一些能让他以后更从容应对这种情况的方法。此外，还要留意你或学校的老师是如何与他讨论"陌生人危险"这个话题的。难怪很多孩子在聊完"陌生人危险"的话题后不喜欢和陌生人说话。我们给他们的信息非常复杂，一方面告诉他们不要和陌生人说话，另一方面当他们不愿意跟陌生人说话时我们又会感到很沮丧。

自由放养和翅膀的重要性

闭上眼睛，想象一下你的童年。想想你最开心的时候是在哪里？当时在做什么？对我们中的许多人来说，这些场景都发生在户外，是和其他孩子在一起，而不是我们的父母。你小时候有多少自由？可以和朋友一起出去玩吗？你有过骑自行车去他们家的经历吗？你可以和他们一起去公园玩吗？现在想想，当你的孩子在 20 年后回想自己的童年：他们的记忆会和你的一样吗，还是主要围绕着在室内和有组织的活动？他们会有自由自在和朋友们一起玩耍的回忆吗，还是你会在他们的记忆中占据重要位置？

今天，孩子们拥有的自由明显比我们那时要少得多。反过来，我们可能比自己的父母或祖父母拥有的自由要少得多。而且，如果以我们为中心的话，我们的孩子被允许玩耍的范围也在不断缩小。为什么会这样呢？今天的生活并不比过去更危险，虐待或绑架儿童的事件也并不比我们小的时候多。事实上，如果一个孩子被虐待或绑架了，很可能是由孩子家长而不是陌生人所导致的。今天的道路上可能有更多的汽车，但统计数据显示，儿童的年龄越大，发生交通事故的风险就越大——11 岁儿童发生交通事故的可能性是 10 岁儿童的两倍。家长们可能认为，与年幼的孩子相比，让他们读中学的孩子单独外出会更安全。可是，如果我们不让孩子从小就获得自由和信任，我们怎么能指望他们在长大后突然就变得成熟呢？

当我们的孩子还小的时候，我们的本能经常告诉我们要尽可能地和他们保持亲近。然后，随着他们的成长，我们往往不愿意"放手"，因为担心他们可能会受到任何潜在的伤害。那么，什么时候才是放手的最佳时机呢？真正以孩子为主导意味着我们必须遵从孩子对独立和依赖的需求。或者正如美国记者兼作家霍丁·卡特（Hodding Carter）在我最喜欢的一句话中所说：

> 我们希望有两份永久的遗产能够留给我们的孩子：一份是根（指信仰），另一份是翅膀。

这就是为什么我认为把飞翔的鸟放在本书的封面上比较合适的原因。放手很难。就在我们开始感到为人父母的自在时，一切又都变了，而且往往生根比插上翅膀要容易得多。但是，如果我们的孩子要充分发挥他们的潜力，赐予翅膀（与年龄相适应的自由度）是至关重要的，而这个年龄段正是开始"从根到翅膀"过渡的最好时机。在这个阶段，对父母的真正考验在于找到两者之间的平衡，并在此过程中为孩子的成长打下基础。

男孩和女孩需要不同的养育方式吗？

尽管许多人认为男性和女性的大脑有显著的差异，尤其是在儿童时期，但事实并非如此，虽然有一些不同之处，但它们是很小的。可能更需要考虑的是，这些差异到底是由孩子的生理差异造成的，还是由我们对待他们的态度造成的。

孩子的大多数行为都是由他们的早期经历和生活环境决定的，而不是他们的 X 和 Y 染色体。不管我们是否意识到这一点，现实中我们对待男孩和女孩的方式是不同的，从他们的衣服，到我们给他们买的书和玩具、我们与他们玩耍的方式，以及我们与他们沟通的方式。他们成长中的这个刻板世界，比任何生理因素都更能决定他们的大脑发育。简而言之，我们是造成他们大脑差异的最主要原因，而不是大自然。

从温和养育的角度来看，你孩子的染色体并不重要。所有的孩子，无论他们是男孩还是女孩，都普遍需要同理心、尊重、理解、同情，以及与我们建立联系。他们需要玩耍，需要通过感官学习来探索周围的环境，而且他们也都需要一个支持者。简而言之，如果你是一个真正温和的父母，你会关注每个孩子的独特性，而不是基于他们的性别和感知需求来区别对待。

如果男孩和女孩的大脑没有明显的差别，那么激素呢？诚然，青春期之后，他们的激素水平存在着巨大的差异。但对于 10 岁之前的大多数孩子来说，行为方面的任何差异都是微不足道和无关紧要的。小男孩不会因为睾丸激素的激增而改变他们的行为，从而变得更加暴力、活跃或喧闹。事实上，睾丸激素对两性来说都是一种重要的激素，在骨密度、肌肉质量及更明显的性特征发展方面都起着至关重要的作用。一个刚出生的男婴的睾丸激素水平约为 120ng/dl——大约是成年男性水平的一半，在第二至第三个月之间会显著上升到大约 260ng/dl，但随后又开始迅速下降。研究表明，当男婴 6 个月大的时候，他的睾丸激素水平将非常低，并且会一直保持到青春期。[64]女孩出生时的睾丸激素水平约为男孩的三分之一，此后迅速下降，没有男孩出生后出现的轻微激增。我们将孩子的行为归因于生理因素的做法令人担忧，并且会给他们造成极大的伤害：如果父母认为孩子的行为是短暂的，纯粹是生理原因造成的——例如，将一个小男孩的行为归因于睾丸激素的激增——那么他们的真正需求就有可能得不到满足。

暴力游戏——枪、战争等

孩子们会用棍棒或积木做成枪，互相追逐，高喊"砰，砰——我要开枪打你啦"。间谍任务、好人与坏人、警察与强盗、僵尸、怪物、士兵和战争等游戏，在世界各地的游乐场中都很常见。这种类型的游戏会让许多父母感到恐慌，他们纠结于孩子玩这类游戏的动机，并会采取措施阻止游戏的进行。在大多数情况下，孩子们可能是在模仿他们在媒体上看到的暴力行为，不管这些是否是虚构的——因为我们的孩子被暴力的图像所轰炸，无论他们看的节目是多么适合他们的年龄。

尽管我们更希望孩子玩温和一些的游戏，但这些暴力游戏在他们的成长过程中确实有重要的作用。玩耍是孩子们理解世界的方式。这是一种安全的方式，可以让他们处理自己的感受并将它们释放出来。因此，当你的孩子扮演一个杀人的坏蛋时，并不意味着他们长大后会成为一个精神病患者。事实上，利用想象力可以让孩子安全地处理他们的感情，并消除他们可能保留和压制的任何情绪。此外，父母们可以放心，研究人员发现，童年时玩枪并不会导致成年后更多的暴力行为。[65]

当然，并不是所有的孩子都会玩暴力游戏；有些孩子可能不需要，也许是因为他们在现实生活或媒体中接触到的暴力场景没有引起他们的探索欲望。然而，对于那些有需要的孩子来说，只要没有真正伤害到别人，而且游戏仍然是创造性的，那么就应该允许他们继续玩下去，直到孩子们最终自然地长大。

屏幕时间

随着孩子年龄的增长，屏幕时间的风险依然存在。它与肥胖、焦虑和抑郁风险的增加，整体幸福感下降，睡眠受到负面影响及社交行为的减少都密切相关。[66]然而，尽管存在着许多风险，在这个年龄段中，几乎有一半的孩子超过了每天 2 个小时的建议时间。[67]

至关重要的是，要给孩子的屏幕时间设定一个界限——无论是看电视、玩电脑还是电子游戏，每天的总时长不得超过 2 个小时——而且要始终如一地执行。在制订这些家庭规则时，重要的是要与孩子讨论并向他们解释原因。如果孩子明白了为什么他们的屏幕时间会受到限制，他们就更有可能接受这些规则而不是挑战它们。一旦制订好了规则，不管你有多累或多忙，也不管你多想让孩子"再多看几分钟"来让自己清净一会儿，都必须坚定不移地执行下去，这一点至关重要。

而且，这些规则也应该适用于你。大多数成年人的屏幕时间都太长了，儿童面临的风险也同样适用于成年人。记住，你是孩子的榜样，如果你每天的大部分时间都花在手机、笔记本电脑或平板电脑上，那么你的孩子也会效仿。引入"无屏幕"日，也许每周一次，对整个家庭来说是个好主意。

除了制订屏幕使用的规则之外，你还应该在这个年龄段与孩子讨论电子安全的问题。帮助孩子了解使用电脑和玩电子游戏的风险，让他们不要向陌生人透露任何可识别的信息。确保你有一个良好的家长控制系统，并经常监控孩子使用互联网的情况。在这个年龄段，互联网给孩子带来的风险远远大于让他们在远离你的情况下自由玩耍。

大自然缺失症

大自然缺失症（Nature-deficit Disorder）是由记者兼作家理查·洛夫（Richard Louv）在 2005 年出版的《失去山林的孩子》（*Last Child in the Woods*）中提出的，用来描述孩子们在大自然中玩耍的时间越来越少，被限制在室内的时间越来越多的可能后果。这些后果包括对健康的负面影响（包括注意力障碍和抑郁症）、肥胖和日益严重的近视（近视——在这种情况下是由于缺乏自然光照射造成的）。此外，洛夫还讨论了在大自然中活动时间的匮乏对孩子和周围环境的负面影响。如果他们不学会欣赏自然，他们就不会去保护自然。

这个年龄段的孩子应该把大部分的时间花在大自然中，搭窝、爬树、荡秋千、放风筝、扔石头和浸泡在池塘里。但对于今天的许多孩子来说，这些本应成为他们日常生活一部分的活动，现在只能作为特殊的待遇或假日活动——大自然对于他们来说是一个独立于他们之外而远远存在的地方。另一方面，对于过去几代人的孩子来说，他们可以识别不同种类的树木、鸟类、野花和不同动物的叫声，而今天的孩子则需要通过互联网搜索引擎来获取这类信息。在这么短的时间内，我们失去了太多的智慧。

虽然有一些鼓励孩子们重返大自然的举措，比如森林学校之类的，但没有什么可以取代孩子们在田野和树林里玩耍、在浅溪中划水的自由时间。在孩子成长的过程中，让他们有时间单独或与朋友一起在大自然中玩耍，是他们成长的重要组成部分。

开始上学

对许多人来说，这个年龄段的关注点不可避免地集中在即将开始的学校教育上。家长的注意力将转向为孩子寻找最好的学校，开放日、评论、政策、报告和分数都变得越来越重要。一旦确定了孩子要上的学校，父母就应该为他们的入学做准备了，无论是在物质上还是在情感上，接下来的几个月都将致力于他们的安顿。

在英国，很多家长都没有意识到，他们在教育方面的选择不只限于标准的公立学校和私立学校，而且很多家长也不清楚他们在孩子上学方面的法律权利。事实上，他们有很多选择，从全日制传统学校、延迟进入传统学校、弹性学校（非全日制传统学校和非全日制家庭教育的结合）到一些替代学校，如斯坦纳、蒙台梭利、民主和自由学校及家庭教育。

和以往一样，当谈到温和地养育孩子时，重点是考虑和尊重孩子的个人需求，并选择一种能够让你尽可能支持他们的方法。这意味着所有家庭的选择都是不同的：一些孩子会在主流教育中茁壮成长，另一些孩子在其他环境中或者留在家里会更好。

延迟入学

英国法律规定，儿童应该从 5 岁（指他们满 5 周岁的那一年）开始接受适当的教育。目前，在英国，孩子们 4 岁就开始上学了，如果他们的生日是在夏天，他们中的很多孩子才刚满 4 岁。对于很多孩子来说，这太早了。他们需要时间和父母待在家里，在情感上或身体上还没有准备好接受全日制学校的教育。

父母可以把孩子进入主流学校的入学时间推迟到 5 岁生日之后，这不仅适用于夏季出生的孩子（4 月至 8 月间出生的孩子），尽管研究表明，推迟入学对他们的益处最大。[68] 然而，这里的问题是，由于含糊不清的指导方针，推迟入学的孩子可能会被要求直接进入一年级，而不是从学前班开始，这显然不符合他们的最佳利益。不幸的是，如果入学被推迟了，孩子将从哪个年级开始是由当地的学校招生部门决定的，因此，具体情况可能还要取决于孩子所处的地理位置。然而，这方面可能会有变化，因为它正在审查中。

非全日制学习

在英国，如果家长觉得孩子还没有完全准备好开始全日制学习，另一种选择是可以要求学校在第一年或者哪几个月里给孩子进行非全日制教学。这种方法通常采取的形式是只在上午上课。学校应该会考虑家长的请求，但他们不一定会同意。出于这个原因，如果家长希望孩子从一开始就接受非全日制教育，在选择学校时就要考虑到这个重要问题。

替代学校

在英国，如果家长觉得主流学校不适合自己的孩子或家庭，但仍然希望孩子能够去学校学习，有以下几种可供选择的教育方式，尽管大多数都需要支付费用。

·**斯坦纳学校**　第一所斯坦纳学校成立于 1919 年，该学校以奥地利哲学家鲁道夫·斯坦纳（Rudolf Steiner）的思想为基础，以培养自由思考、有道德和社会责任感的人为理念。其重点是让孩子在早期通过游戏和实践活动进行学习，学习的内容还包括艺术和讲故事等，并由教育工作者为孩子们树立榜样。孩子们直到 7 岁才开始阅读（挪威、瑞典等斯堪的纳维亚国家也采用这种方法），而且标准化的考试几乎不存在。它所提供的教育是全面的，也注重斯坦纳的人智学理论，这是一个与顺势疗法密切相关的健康系统。

·**蒙台梭利学校**　蒙台梭利教育法是由意大利医生和教育家玛丽亚·蒙台梭利（Maria Montessori）创立的，该教育主张独立、有限度的自由，以及尊重儿童的心理、身体和社会发展。蒙台梭利学校的设置以混合年龄的教室为特色，并给予儿童行动的自由和选择活动的权利，以引导他们自主学习。孩子们通过实践，从经验中学习，而不是像传统教育中常见的那样接受教育。蒙台梭利非常重视"有准备的环境"，以便于儿童在一个美丽、和谐、洁净、有秩序和自然的环境中自主学习。环境中没有杂物，孩子们可以在没有成年人帮助的情况下自己获取所有的材料。

·**民主学校**　这些学校注重给予孩子自主和平等的权利：尊重他们的决定，让他们自由安排自己的生活和学习。民主教育十分强调信任、尊重和价值观。孩子们被平等对待，老师并没有凌驾于他们之上。上课是自愿的，如果孩子不去上课，不存在惩罚或相应的后果。民主学校的起源至少可以追溯到 400 年前，其理念并不是某一个人的功劳。

·**自由学校** 这些是替代教育的新补充。2010年在英国推出的自由学校通常是由家长、教师、慈善机构或宗教团体建立的，由国家资助，但不受当地政府监管。这使得管理人员——通常是家长——对学校的政策和课程有很大的控制权，同时也能享受到免费教育的好处。自由学校还有权决定自己的上课时间、上课日期、教师的薪水，以及招收哪些教师和工作人员。他们不必教授国家课程，可以自由选择自己的课程，只要为孩子们提供一个"广泛而平衡"的教学课程即可。然而，自由学校必须遵循国家的招生标准，这意味着所有符合条件的孩子都可以免费入学，而且不受任何限制。

这位母亲描述了她为儿子选择自由学校的原因：

我们的儿子在一年级时被告知"他与其他孩子不太一样"（他有感觉处理障碍，可能还有自闭症谱系障碍），之后我们把他转到了一所自由学校。现在，他身处一个重视、赞美和支持个性的地方，在那里我们可以讨论任何问题，并且都能得到倾听和支持。

家庭教育

在英国，家长必须确保孩子从5岁开始接受全日制教育。然而，这并不一定要在学校，也不一定要遵循国家课程。家庭教育通常用来描述那些没有去学校（无论是主流学校还是其他学校）的孩子们的学习。它的范围包括家长在家里用国家课程辅导孩子，以及"非学校教育"，即为孩子提供很大程度的自由，让他们自主学习，而不是在家里遵循以学校为基础的方法。家长选择家庭教育的原因有很多，如以下几点：

我们选择让孩子之所以选择家庭教育，很大程度上是因为早期教育的僵化和形式感越来越强，以及几乎所有学校都采用行为主义的方法来进行纪律约束。

我们选择让孩子在家接受教育，是因为我们认为让一个 5 岁大的孩子承受（与学校有关的）压力是不值得的。我们宁愿让他快乐地生活，学习只是其中的一部分。学校的课程可以在他生命中的任何时候学习；他的心理健康才是最重要的。

我们选择让孩子在家里接受教育，因为缺乏委员会的资助，这意味着我的自闭症儿子没有资格获得他所需要的帮助，以度过对他来说是感官负荷的学校生活。显然，他还没有"残疾"到可以进行身份说明的程度。

一开始，我们的两个女儿上的是公立学校，但在看到我的大女儿在情感上和精神上的挣扎后，我决定让我的四个孩子走一条不同的路。我们现在把所有的学校课程都取消了，更多的是以孩子为主导，这意味着他们可以根据自己的兴趣来学习。

当我 7 岁的孩子在学校表现不佳时，我选择了家庭教育。我讨厌这个制度，它根本就不适合我们家。学校的课程设置缺乏灵活性，太过基础，老师们也不够积极和热情，很少鼓励学生去热爱学习。它只关注毫无意义的规则和测试，而且明显缺乏对"规范"之外的任何东西的支持。

在英国，除非家长要把孩子从一所特殊的学校带走，否则无须告知当地政府你打算进行家庭教育。因此，如果孩子已经在一所公立学校上学，而家长打算让他们离开那里，只需要通知校长就可以了。如果家长愿意，可以自愿在当地政府的家庭教育服务机构登记，他们可能会提供一些支持，尽管这也意味着家长将会处于他们的监督之下，他们会拜访并检查这些家长的计划。

家庭教育中常见的一些问题

·**在家上学的孩子可以参加考试吗？** 在英国，家长可以安排孩子以外部考生的身份在考试中心参加考试。考试委员会可以提供附近的考试中心的名单。孩子也可以进入一所声誉良好的函授学院学习，该学院将为孩子提供进入考试中心的机会。

·**在家教育孩子需要资格证书吗？** 在家里教育孩子不需要资格认证。家长已经教了孩子 4 年了，当他们到了上学年龄时，一切都没有改变。

· **在家接受教育会影响孩子的社交能力吗？** 有大量的家庭教育支持团体和网络。这些家庭通常每周都会有几次见面的机会，很多家庭会根据孩子的兴趣和技能分享他们的学习情况。此外，孩子还可以参加许多传统的课外活动，如戏剧、音乐、体育俱乐部等。每年还有针对接受家庭教育的孩子的夏令营。所以，在很多方面，它比传统的学校教育有更多的社交机会。

· **家庭教育只适合幼儿和初中生吗？** 在英国，许多父母在家教育孩子，直到他们的孩子长大后，再将他们纳入主流学校教育。有些孩子是在 7 岁，即传统的幼儿期结束的时候，有些孩子是在 11 岁开始上中学的时候。不过，有些家长会选择继续为上高中的孩子提供家庭教育。在这种情况下，他们仍然有机会参加普通中等教育证书考试（GCSE）和 A 级考试。

· **可以在一周中的部分时间在家教育孩子，另一部分时间送他们去学校吗？** 这就是所谓的"弹性教育"，家长可以询问当地的学校是否会考虑这种安排，但他们不一定会接受。尽管如此，还是有相当多的家庭成功地与当地学校达成了弹性协议。

作业问题

你还记得你第一次做家庭作业是什么时候吗？对于我们大多数人来说，直到上了中学，家庭作业才成为我们生活中的一部分。今天，孩子们的生活已经大不相同了。如果你给孩子选择了一种更传统的教育方式，家庭作业在孩子一年级或二年级的时候就会被提上日程。因此，当我们在晚上和周末骑自行车、与朋友一起玩耍和爬树时，我们的孩子除了死记硬背乘法表、练习拼写测试和常规阅读之外，还需要完成活页练习题、在线教育课程和项目。

在英国，法律并没有要求这个年龄段的孩子必须完成家庭作业，而且，大量的研究表明，家庭作业对孩子也没有什么好处。[69]此外，随着家庭作业的增加，孩子们会感到沮丧、疲惫、焦虑和失去学习的内在欲望（或为了娱乐而阅读）。研究还表明，家庭作业压力大的孩子更容易肥胖。[70]如果家长觉得孩子在这个年龄段不应该做家庭作业，可以给孩子所在的学校写一封经过仔细研究和精心构思的信，告诉他们决定永久免除孩子的家庭作业，并说明背后的原因就足够了。

学校行为管理的问题

绝大多数旨在激励孩子和减少不良行为的学校行为管理方法（比如优秀证书、良好行为贴纸、班主任奖、"黄金时间"和班级积分）都存在着很大的缺陷，而且它们的有效性值得商榷，尤其是从长远的角度来看。许多学校在过时的行为政策指引下所采取的管理方法，除了让孩子在遵纪守法的驱使下实现短期的行为改变外，并不能起到任何激发作用。但是，学校行为管理的主要目标是控制孩子在校期间的行为，它不是长期的，而且主要是为了其他人的利益。

重要的科学研究支持这样一种观点，即当今主流教育中常用的行为管理方法可能会对孩子未来的学习和参与他们自己的教育的意愿产生严重的影响。"奖励好的行为"这一日益增长的趋势不会引发长期的改变，也不会激励孩子们表现得更好、更努力、更专注。家长真正想要的是让孩子有强烈的内在动力去做得更好、学习得更多，为了实现这一点，他们需要在一个有利于学习的环境中，有适合他们年龄的活动（这个年龄段的孩子主要是在游戏中及通过感官来学习），有相应的物体、工具和人来激发他们天生的好奇心及渴望掌握和探索世界的强烈欲望。但大多数教师都受到学校的检查、测试和记录的限制，这一切都在国家课程的限制范围内，而与此同时，孩子们被关在四面墙里，长时间静坐在大屏幕前，难怪他们会不守规矩！

比奖励更令人担忧的是，有些学校会占用孩子们的休息时间来惩罚他们的错误行为，尽管这直接违反了《联合国儿童权利公约》第 31 条的规定："儿童有权放松和玩耍，并有权参加各种文化、艺术和其他娱乐活动。"休息时间对儿童来说至关重要，他们不应该因为任何原因而错过部分休息时间或午餐时间。

孩子们成功的关键不在于证书、奖励、徽章和"特殊时刻"，而在于他们内心深处等待着释放的潜力。出于这个原因，我强烈建议，当家长为孩子考虑学校时，应该在做决定之前深入研究他们的行为管理规定。如果家长为孩子选择了主流学校，这也许是家长能为孩子提供支持的最好的方式之一，从而确保他们能在一个尽可能尊重他们需求的环境中学习。

拒绝上学

在某些时候，所有的孩子都会拒绝上学。就像我们成年人偶尔需要休息一天一样，孩子们也是如此。我一直认为这是非常不公平的，作为成年人，如果不想去面对这个世界，我们可以选择待在家里，蜷缩在沙发上，即使我们的身体没有任何问题，但孩子们却不能这样做。这就是为什么如果我的孩子表示需要一个"偷懒假"，我总是为此感到荣幸并让他们得到他们需要的休息。

然而，偶尔需要待在家里和孩子每天都拒绝上学之间是有区别的。一些儿童（占所有学龄儿童的1%至5%）对学校有严重的抵触心理，以至于被诊断为"学校恐惧症"。在这些情况下，孩子通常会在上学当天早上或者前一天晚上哭泣。他们可能会说自己不舒服或者感觉很难受，并可能会恳求不去上学、发脾气或者拒绝穿衣服。许多专家建议，有学校恐惧症的孩子应该去看医生，但问题通常出在学校——环境或学校里的人——或者上学前的准备工作上，而不是出在孩子身上。

以下是孩子拒绝上学最常见的原因：

·友谊问题

·欺凌和戏弄

·与老师或其他工作人员发生冲突

·担心家庭作业

·担心考试

·担心在公共场合发言，比如在课堂上或者集会上

·不理解学习内容

·未经诊断的特殊教育需要（SEN）

·视力问题

·听力问题

·睡眠问题和感觉疲惫

·与父母分离的焦虑

·对身体问题的焦虑，比如上厕所

·难以适应从家庭到学校的过渡

·广泛性焦虑症

·对生活或家庭事件的反应，如搬家或新弟弟妹妹的到来

·年龄太小

·疲惫

·难以适应学校环境中日益增加的噪音和忙碌（有些孩子在学校会觉得"感官超负荷"，尤其是那些敏感的孩子，或者在家里是独生子女的孩子。对这些孩子来说，在他们适应不断增加的感官体验之前，在学校的日子可能会过得很累）

处理孩子拒绝上学的最好方式是找出根本原因——原因总会有一个——并与孩子和学校一起努力解决。学校恐惧症并不是孩子一个人的问题——很多时候它是学校的问题，有时也是家长的问题。因此，解决方法不应该只集中在孩子身上。在某些情况下，答案可能是选择一所新学校，或者考虑其他的教育选择，如家庭教育、推迟入学和选择其他类型的学校。

友　谊

一旦你的孩子和很多年龄相仿的孩子生活在一起，他们就会不可避免地产生友谊问题。孩子在面对同伴时，可能非常善变，他们的诚实是相当残酷的。对孩子来说，与他人相处和争吵是一个重要的学习过程，而他们的父母，在帮助孩子穿越友谊的雷区中扮演着重要的角色。此外，父母往往会发现，自己与其他父母的关系也会因为孩子在学校的互动而变得紧张。

首先，要记住，小孩子不像成年人那样思考。他们仍在培养同理心和理解他人想法和感受的能力，这通常意味着他们无意去伤害他人，即使已经对他人造成了伤害。帮助孩子考虑他人的观点是很有帮助的，就像让他们去解决他们自己的友谊问题一样。对父母来说，"解决"孩子的友谊问题

很简单——然而，从长远来看，这对他们是有害的，因为他们从未学会如何自己解决问题。你的角色应该是聆听和指导：你的孩子肯定需要你的帮助来处理友谊问题，他们只是不需要你介入并解决它们。

睡前是和孩子谈论学校生活和友谊话题的好时机。仔细听他们说，不要打断他们。当孩子向你讲述完发生的事情后，让他们知道你已经听到了他们的诉说，并确认他们的经历和情绪——"当她说这句话的时候，你一定很难过"或者"如果他偷了我的球，我也会很生气的"——但要确保你不会责备他们，或者告诉他们你会怎么做。接下来，问他们是否能理解为什么其他孩子会有这样的行为。"你能想到她当时为什么对你这么刻薄吗？"或者"我想知道在他拿走你的球之前，他是什么感觉？"这样不仅可以验证孩子的感受，也可以让你在不偏袒任何一方的情况下帮助孩子考虑对方的观点。最后，问问你的孩子是否想出了解决问题的办法："我想知道你能做些什么，或者说些什么，可能对大家都有帮助？"或者"如果他再来夺球，你认为你能做些什么能让你俩都感到快乐些？"让孩子进行头脑风暴，显示了你对他们自己解决问题的能力的信任，而这反过来又给他们带来了巨大的信心。虽然这种方法不太可能帮助孩子解决下一个友谊问题，但只要有时间、耐心和练习，你的孩子就会发展出自信地解决社会问题的技能。这是许多孩子经过多年学习仍无法做到的一点，而且相当多的成年人也从未发展出这种技能。

有时候，无论你多么努力，你的孩子都无法解决友谊问题。在这种情况下，你需要保持同理心和耐心，发挥你作为他们失望和焦虑的容器的角色。如果问题持续存在或升级，那么你应该让学校参与进来，希望他们能做出适当的反应。

一般来说，尽量不要去插手孩子的友谊，无论是让他们走近那些你希望他们与之玩耍的孩子，还是让他们远离那些你希望他们避开的孩子，尽管这对你来说可能很难。如果你的孩子不想和你朋友的孩子一起玩，作为父母，你会很难受，但这是他们的权利，你应该尊重他们的选择。

兄弟姐妹之间的关系

兄弟姐妹之间的关系与友谊问题密切相关，但这里更重要的是你不能偏袒任何一方。再次强调，你的角色应该是一个倾听者、指导者和共鸣者。即使你的一个孩子总是挑起争论，你也应该始终以全新的眼光和耳朵来对待每一次发生的事情，让两个孩子都有自己的发言权。同样，虽然你很想在争吵中做裁判，找出挑事者并"解决"这个问题，但你应该退居幕后。如果孩子们的每一次争吵你都积极参与，这将为未来设定一个模式——没有你，他们将无法解决分歧。你在这里的角色应该是帮助孩子们理解彼此的观点，尊重他们的不同意见，并通过解决问题的方式让他们达成妥协。

例如，在两个兄弟姐妹为一个玩具而争吵的场景中，你可以先描述你所看到的情景："我看到你们俩现在都很生气。"这是在邀请孩子们告诉你发生了什么事，但要确保他们俩都知道你想听到他们两个人的意见。问其中一个孩子，"你能告诉我发生了什么事吗？"然后问另一个孩子同样的问题。接着，问第一个孩子，"那让你有什么感觉？"再问第二个孩子同样的问题。然后再描述一下当时的情况："所以，你想玩这个玩具，而另一个人也想玩，你们都很伤心，也很生气。"接下来，让他们冷静下来，问他们："你们认为如何才能解决这个问题呢？"问第一个孩子："你认为我们可以做些什么？"然后问第二个孩子同样的问题。接着，你可以继续与他们讨论他们的建议。如果他们的建议相差很大，再问他们一次："你们认为怎样解决这个问题才能让你们俩都高兴呢？我们能把你们俩的建议结合起来吗？"当最终达成解决方案时，让他们知道你为他们能解决这个问题感到多么自豪："我真的很高兴，你们都考虑到了对方的感受，并且自己找到了一个好的解决方案。"

通过类似搭建帐篷这样的集体家庭活动，可以进一步增强兄弟姐妹间的信任与合作。你也可以购买一种叫作"合作游戏"的特殊棋盘游戏，鼓励孩子们一起解决问题，赢得游戏，而不是互相竞争。

如果你有不止一个孩子，最重要的是你每天都要和他们每个人有固定的、高质量的一对一交流。你应该花至少15分钟的时间与孩子单独聊天，避开他们的兄弟姐妹。最理想的时间是在睡前例行公事的时候，也就是你在床上哄他们睡觉的时候。（如果你的孩子同住一个房间，尽量在不同的时间进行他们的睡前仪式，这样你就有时间先和最小的孩子单独相处，然后是第二个，依此类推。）此外，你还应该定期安排更久的"充电时期"。理想情况下，这段时间将花在孩子们选择的活动上。这可以是和一个孩子去公园玩一上午，然后和另一个孩子一起去电影院看电影或游泳。但这并不一定意味着你必须离开家——做拼图、制作模型或者依偎在沙发上看电视都是建立联系的好机会，但要确保这些活动只有你们两个人参与。在任何情况下，都不应该让其他兄弟姐妹在场，甚至连婴儿也不例外。一对一的意思正是如此——没有其他人。保持这种时间的一致性，并增加额外的陪伴时间，也许是应对任何兄弟姐妹竞争的最好方法。

关于成长

什么时候才是跟孩子谈论性、青春期，以及男性和女性身体差异的合适时机呢？答案是越早越好。在孩子小的时候，以适合他们年龄的方式让他们知道自己从哪里来，并理解和接受人体的差异，这也许是防止他们长大后进行尴尬对话的最好方法。培养一个不为自己的身体感到羞愧，也不为即将发生的变化而感到尴尬的孩子，有助于青春期的顺利过渡。

　　研究表明，在讨论性和成长问题时，与父母关系良好的孩子往往不太可能在年轻时发生性行为，而且少女怀孕、堕胎和性传播感染的风险也较低。[71] 所以，父母不应该试图尽可能长时间地让孩子保持纯真，他们应该做的恰恰相反。关于婴儿出生和母乳喂养也是如此。这些越早正常化，孩子长大后的态度和行为就会越健康。

　　在这个阶段，孩子们应该知道生殖器在解剖学上的正确名称，身体的生殖器官是如何工作的（包括月经和母乳），婴儿是如何出生的，以及随着年龄的增长身体是如何变化的。他们的问题应该得到简单而诚实的回答。一本好书可以在这方面提供很大的帮助，市面上有很多这样的书。如果孩子上的是主流学校，那么他们也会接受性教育课程。但是家长不应该仅仅依靠这些课程来告诉孩子，因为这些课程的效果通常很值得怀疑。孩子们应该知道，父母是他们可以随时提出任何问题的人。

4～7 岁孩子的大脑发育

　　在这个阶段，孩子的大脑仍然在快速发展。在这个年龄段结束时，孩子大脑中的突触（联结）数量接近峰值，然后大脑开始"修剪"未曾使用的联结。然而，大脑额叶的连接仍在继续，而且这个区域是最后发育成熟的，这就解释了为什么孩子的行为和理解力，尤其是在社会层面上，仍然与成年人不同。就体积和容量来说，到这一阶段结束时，孩子的大脑已经接近成年人的尺寸，约为成年人大脑体积的 85%～90%。

　　虽然这个年龄段的孩子开始时非常以自我为中心，但在这一阶段结束时，他们会变得更加以社会为中心——也就是说，他们开始更多地理解他人的想法和感受，以及这些想法和感受与自己的有何不同。在这一时期结束时，他们对社会规则的掌握也会有所增加。孩子的理解力慢慢变得更加直观，思维过程也随着他们对逻辑概念的认识越来越成熟。然而，这仍然是相当粗糙的，而且儿童通常只能同时思考一个物体的一个方面；同样，他们仍然无法遵循多种指令和分类。因此，在这个年龄段结束的时候，儿童仍然无法进行抽象和隐喻的思考，仍然拥有一定程度的自我中心主义。

4～7 岁孩子的睡眠

专家们一致认为，4～7 岁的孩子每晚需要 8～12 个小时的睡眠，大多数孩子的睡眠时间在 10～11 个小时。睡觉时间通常在晚上 8 点左右，平均起床时间为早上 7 点。这个年龄段的孩子，夜醒不是很常见，但仍然可能会因为噩梦、夜惊和尿床而发生。

在这个年龄段中，有多达一半的儿童会做清醒的噩梦，需要成年人的帮助才能平息，约有 6% 的孩子会出现夜惊。在这个年龄段开始时，大约有六分之一的孩子会尿床，晚上还需要用尿布；到这个年龄段结束时，这个比例是二十分之一。如果你的孩子在六七岁的时候还经常尿床，那么通常需要医疗帮助。常用的方法是在尿床发生之前，通过闹钟和监视器来唤醒孩子，不过对于一些孩子来说，这可能是生理原因造成的。

这个年龄段的孩子仍然需要一个稳定的睡前仪式，大多数孩子仍然需要成年人的帮助才能入睡。

在孩子 4～7 岁时运用温和养育的七个 C

在孩子 4～7 岁时，你该如何实施温和养育的七个 C？

Connection 联系

在这个年龄段，大多数孩子每周 5 天、每天至少有 6 个小时与父母分离，而且大多数孩子整晚都睡在自己的卧室里，这时他们与父母的联系很容易被中断。新弟弟或新妹妹的到来和父母重返工作岗位会使情况变得更加复杂。因此，联系在这里是至关重要的——每天花时间一对一地重新建立联系可以改变他们的行为。

Communication 交流

就实际的言语而言，这个年龄段的孩子在语言交流上可以与成年人相媲美，但在对词语的理解和信息的处理方面，可能会造成误解。这个年龄段的孩子仍然不能像成年人那样思考，很多困难可能是由于我们对这一点的误解造成的。和以前一样，行为是这个年龄段孩子的主要沟通方式，从拒绝上学到上厕所、睡觉、吃饭、顶嘴和发脾气。寻找导致这种行为的原因仍然是首要任务。

Control 控制

如果一个蹒跚学步的孩子几乎无法控制自己的日常生活，那么想象一下，在学校里，这个年龄段的孩子有多大的控制力。他们只有在别人允许的情况下才能吃喝，穿别人挑选的鞋子和衣服。很多孩子被禁止自由上厕所，他们的游戏、行动和说话都受到很大的限制。更糟糕的是，家里的限制只会加重问题。给孩子与他们年龄相符的自主权、自由和信任是至关重要的。一个被过度控制的孩子最终会以某种方式提出反抗。

Containment 包容

这个年龄段的孩子的情绪调节能力仍然有限。他们仍然需要我们来充当他们的外部情绪调节器。为了让我们充分地包容他们的情绪，他们需要相信我们不会轻视或责备他们，而是会倾听他们，与他们产生共鸣，帮助他们，更重要的是，不会与别人分享他们向我们倾诉的任何事情。在许多方面，这个年龄段的孩子比其他任何年龄段的孩子都更需要包容，因为他们有太多的过渡期需要应对，而这些过渡期会引发剧烈的情绪波动。

Champion 支持

所有年龄段的孩子都需要一个支持者，但也许在这个阶段支持孩子比本书所涉及的其他任何年龄段都更有意义。在为孩子选择学校的时候，对孩子的支持是至关重要的，在学校开学的时候更是如此。

Confidence 自信

在这个年龄段，你和孩子的关系和交流可以很好地预测他们以后的生活信心。帮助你的孩子认识到每个人都是不同的，每个人都有自己的优点和缺点，这对他们的教育很有帮助。这就是为什么避免过度使用表扬和奖励是至关重要的。孩子们需要保持学习的内在动力，但如果他们发现某些事情对他们来说具有挑战性，则不能以牺牲他们的自信为代价。从父母的角度来看，这个年龄段的孩子可能会给你的信心带来一些打击，因为你离开了过去5年来你所熟悉的婴儿、幼儿和学龄前儿童的安全世界，进入了一个不断有新行为和新问题出现的新领域。在此阶段，对自己的养育方式一定要有信心，最重要的是，你的直觉会指引你渡过难关。

Consistency 一致性

在这个年龄段，保持养育方式的一致性是非常必要的。界限和限制仍然是关键，现在要特别关注屏幕时间。如果你想在即将到来的青少年时期避免屏幕带来的问题，就必须在这方面设定一个限制并严格遵守。

第八章

从主流养育转变为温和养育

很多人对我说，"如果我们不让孩子们做一些事情，他们什么也不会做"。更糟糕的是，他们还说，"如果不是被逼着做事，我什么都不会做"。这是一个奴隶的信条。

——选自作家、教育家约翰·霍特（John Holt）的《孩子为何失败》

如果你一开始遵循的是主流的养育方式，是否有可能转变成一种更加温和的养育方式呢？当然可以。而且，对一些人来说，养育方式的改变是一种可喜的解脱。

　　对许多父母来说，温和的养育方式证实了他们自己养育孩子的本能和想法。他们终于可以自由地以自己一直想要的方式来养育孩子了。我经常和一些父母交谈，他们告诉我，"这就是我本能地想要养育孩子的感觉，但我以前没有这样做，因为我觉得我应该做些别的事情"。了解这种温和的方式及它背后的科学，可以使父母获得极大的解放。同样，孩子们也会迅速而积极地接受这种改变。在遵循了 1~2 周的温和养育原则之后，父母和孩子都变得更轻松快乐了，这种戏剧性的结果并不罕见。

　　然而，对于有些人来说，这种转变可能会更加艰难和漫长。从情感上讲，父母可能很难了解其他更积极的育儿方式，因为这可能会让他们意识到，他们以前使用的方法不是最佳的，可能会给孩子带来意想不到的后果。这可能意味着，当他们接受过去并决心在未来做出改变时，刚开始会有一段时间的不适和不安。但如果你顺其自然的话，这个过程也能很好地过渡，不仅对你，对你的孩子也是如此。

　　在某些情况下，向温和的养育方式的转变可能会导致孩子行为的暂时倒退或恶化。从很多方面来说，这是转型过程中最难处理的部分，因为这会让人对新的养育方式的有效性产生怀疑。此外，在一个本已脆弱的家庭中，这种新出现的棘手行为可能很难管理。但好消息是，这些负面影响几乎都是暂时的。

我想分阶段谈谈向温和养育的过渡。有些家庭觉得这很容易，他们很快就度过了这些阶段，甚至都没有注意到它们正在发生。但是，无论你走得多快或多慢，你都必须明白发生了什么，这样你才能做好准备，也才能保持积极的心态，专注于最终的目标。如果你明白，黎明前的日子最黑暗，那么你现在的转变即使棘手也是希望，并且，你的前途将一片光明。

向温和养育过渡的 5 个阶段

向温和的养育方式转变要经历 5 个不同的阶段，每个阶段可能持续的时间从一两天到几个月不等。

1. 失控感

当目前所有的行为控制方法都消失时，没有人确定他们应该处于什么位置，这种失控感真真切切地存在于父母和孩子当中。孩子们会发现很难应付界限的变化，以及对由此导致的管教缺乏可预见性。父母也会因为不能以其惯常的方式做出反应而感到挣扎。这种失控感和由此产生的内心挣扎，通常反映在孩子（有时是成年人）的行为上。

2. 行为倒退

双方都缺乏控制，可能会导致行为上的严重倒退。孩子们可能会突然发脾气、不吃饭、不睡觉、大喊大叫，变得十分"野性"。成年人也有类似的倾向，他们会变得非常"暴躁"和紧张，容忍度降低，进而又会引发孩子更糟糕的行为。在这个阶段，许多人放弃了这种转变，并宣称"温和的养育方式不起作用"。在大多数情况下，情况在好转之前肯定会变得更糟，但退化实际上是一个很好的信号，表明你的家庭正在变得越来越真实，孩子的情绪得到了感知和释放。

3. 愤怒和悲伤

　　同样，父母和孩子都有这种情绪。人们常常对失去控制和行为退化感到愤怒。当父母意识到孩子的行为可能是因为他们做过或没有做过的决定造成的，他们常常会感到悲伤。对于孩子来说，这个阶段是关键。他们需要生气，他们需要悲伤。你打开大门，看到这里有压抑了多年的情绪需要释放——所有那些坐在顽皮阶梯上的时间，为了获得贴纸而掩饰情绪的时候，或者因为没有人来而压抑哭泣的夜晚。这些情绪的出现是一个非常积极的信号，表明新的养育方式对你的家庭正在起作用，尽管它可能看起来不健康和不正常，许多人认为是温和的养育方式导致了这些"不可接受"的情绪。相反，温和的养育方式是让已经存在的情感最终流露出来。在这个阶段，你应该鼓励这种原始的情感。每个人都需要拥有自己的感受，而不是害怕或为之感到羞愧。哭泣对孩子和父母来说都是一种治愈。

4. 重新建立联系的必要性

　　一旦压抑的感情被释放出来，需要重新联系并建立信任的纽带，这一点至关重要。你的孩子需要知道，你将永远在他们身边。有时候，你们需要重新爱上对方。在这段时间里，你的注意力应该完全集中在重建你和孩子之间无形的爱的关系上，包容他们的强烈情感，并告诉他们，你再也不会让他们独自面对这些情感。这个阶段更要爱你自己，对你的决定保持平和，并意识到，事实上，你是一位伟大的母亲，否则你就不会处于这个阶段。改变你的养育方式需要很大的勇气，而你已经走了这么远。你真的应该为自己感到骄傲。

5. 突破

从决定向温和养育方式转变到真正步入正轨，这中间可能需要几个月，有时甚至是几年的时间。但这一天终会到来，一切都会顺利地发生。这可能是你的孩子对另一个孩子说的话，可能是你对他们说的话，也可能是你观察到的一个行为。每个人的突破口都不一样，但当它发生时，你会毫无疑问地知道，你为你的家庭做出了最好的决定。因此，后面你要做的就是勇往直前，不要回头看。

如何应对行为倒退？

在过渡到温和养育的过程中，孩子的行为将不可避免地会出现恶化，尽管这是暂时的。孩子们需要探索他们的新界限和限制，而你需要记住并持续地执行这些界限和限制。这个考验期对于整个家庭继续向前发展至关重要。如果你的孩子已经4岁或者更大了，你可以坐下来和他们一起讨论这个变化。你不需要向他们解释温和养育的整个理念，或者为什么它对你们很重要，但是花点时间和家人坐在一起，集思广益，讨论新的界限是一个不错的主意。当孩子们对某件事情拥有自主权时，他们的反应会非常好。问一问他们，他们认为在你们家应该明确的"禁忌"是什么，然后让他们为那些打破限制的人提出一些解决方案。例如，你的家人可能会决定把鞋子放在鞋柜里。你们可以决定，如果有人发现谁的鞋子没有放进去，他们应该平静地告诉鞋子的主人，情况就是这样，鞋子的主人应该把鞋子收起来。当然，这不仅适用于父母，也适用于孩子。如果你的孩子指出你违反了家庭规定，并要求你把鞋子收起来，这当然也是合理的。

　　正如所有的行为倒退一样，关键在于理解行为背后的动机和原因。孩子试图通过眼泪、发脾气、拒绝吃饭、打人或不睡觉来传达什么？一旦你明白了这一点——孩子可能只是因为新的做事方式而感到不安——你就可以通过安抚和持续执行界限来解决这个问题。提醒自己，这个阶段是正常和短暂的，这也是一个好迹象，表明你的新养育方式正在变得有效。最重要的是，你自己要尽量保持冷静，因为你对孩子的任何行为倒退的反应都是至关重要的。

接受你养育方式的错误

　　向温和养育过渡的第三阶段——愤怒和悲伤的阶段——可能是最难驾驭的阶段，我们需要做一些自我反省，并对我们之前的行为和决定进行总结。这可能是一种宣泄，也可能是一种痛苦，或者两者兼而有之。当我发现养育孩子很困难时，我总是希望自己不必再做一个成年人。不仅不需要处理为人父母的现实生活，而且也不必生活在它所唤起的汹涌的情感海洋之中，这将是多么美妙！

　　不过，所有的父母都会犯错。作为一个成年人，学习和成长是育儿之旅的一个重要部分，而两者我们都不可能不犯错。养育孩子对你的行为和个性的影响几乎和孩子一样大。为人父母是我们"成长"的最后一步。关于为人父母，我最喜欢的一句话是："我们知道的越多，我们做的就越好。"你只能在你当时认为是正确的信息上尽力而为。这里的问题是，我们面对的信息太多了，这些信息通常来自权威人士，如医疗和育儿专家，而我们很难质疑他们建议的有效性。

　　然而，如果我们不能处理我们作为父母的负罪感，我们就会一直处于成长停滞的状态。我们经历了两种情况中最糟糕的部分：持续不断的痛苦让我们想起在我们不知道或无法做得更好的时候所做的决定，以及无法继续利用这一经验将我们提升到一个新的认识水平。但是，尽管有时作为一个成年人很艰难，但为了我们自己和我们的孩子，这是唯一的办法。正如作者兼科学家史蒂夫·马拉波利（Steve Maraboli）所说："我们都会犯错，都会挣扎，甚至对过去的事情感到后悔。但你不是你的错误，也不是你的挣扎，你现在就在这里，拥有塑造你的一天和未来的力量。"[72]

如果你过了糟糕的一天——你一定会有，因为每个人都会有——提醒自己，这只是糟糕的一天。明天又是新的一天。即使当时看起来不是这样，糟糕的一天也是一个很好的学习经历，可以让你知道什么对你的家庭有用，什么对你的家庭没用。所以，不要为了某一天或某件事而否定了你所有的努力。在向温和养育过渡的过程中，善待自己是至关重要的。对自己温柔和对孩子温柔一样重要。（出于这个原因，我们将在第十章中讨论自我培养的重要性。）

为什么一些父母不能或不会向温和养育转变？

有些父母觉得过渡到温和的养育方式太困难了，通常是因为他们想要的是孩子行为的"快速修复"，这些父母可能还有另一个孩子即将出生，可能要重返职场，或者是时间紧迫。另一些人则被他们繁忙的日常生活所吞没，或者缺乏支持，无法坚持到最后。还有一些人干脆认为，温和的养育方式不适合他们。

当他们意识到之前抚养孩子的方式可能不是最佳方式的时候，他们会产生一种后悔的感觉，这种感觉非常强烈，有些父母无法摆脱这种内疚和自责。因此，他们会否定那些与他们曾经或正在使用的方法不一致的研究和新信息。这些人经常试图劝阻你改变自己的育儿方式，因为这会让他们对自己的育儿方式感到不舒服。也许你的朋友或家人会对你的育儿计划嗤之以鼻，也许他们会对你的"溺爱""温柔"或"纵容"提出质疑，几乎在所有情况下，他们的反应都不是针对你或你的养育方式，而是心理学上称为"认知失调"过程的一部分。

认知失调

美国社会心理学家利昂·费斯廷格（Leon Festinger）在 20 世纪 50 年代末提出了认知失调理论。他将其描述为两个步骤，具体如下：

1. 不和谐的存在，或者说心理上不舒服的感觉，会促使人努力减少不和谐，实现和谐。

2. 当出现不和谐时，人们除了试图减少它之外，还会积极地回避可能会增加不和谐的情况和信息。

这一过程解释了个人倾向于避免或蔑视与他们的信念相冲突的情况或想法，无论这些信息多么准确和可靠。

从育儿的角度来看，认知失调并不奇怪。你的行为可能无意中伤害了你的孩子，这可能是最让人不舒服的想法，而且人们很容易把新研究斥为"嬉皮士垃圾"，或者评论说："这些科学家到底知道些什么？小时候我被打了一巴掌，但我没事。"

为了以谨慎和尽可能积极的方式养育孩子，一定程度的不和谐是不可避免的。但出于对孩子和自己的尊重，一位温和的母亲会"坐下来"处理这种不和谐，然后继续前进。这可能是养育孩子中最困难的部分，尤其是当你转变为一种不同的养育方式时，但这是我们每个人在某个时候都必须面对的事情。

当你的温和养育方式受到攻击时

除了要处理你自己因转变成温和的养育方式而产生的不和谐之外，你很可能发现你也会在你周围的人中引发不和谐。在这里，重要的是要认识到：别人采取什么样的方式是他们自己的事情，与你无关。你要做的就是专注于自己的育儿之道，尽量不要让别人的意见左右你。

在整个育儿之旅中，许多父母一直处于一种令人不安的不和谐的状态。最终，这种内疚感会转化为痛苦，这种痛苦往往表现为对自己的内在攻击或者对他人育儿选择的谴责。可悲的是，这种批评通常是针对那些最亲密的人——朋友和家人。再次提醒自己，真正的问题不是你，也不是你的养育方式；真正的问题是评判你的人内心产生的不舒服的感觉。不幸的是，这种不和谐对一些人来说是如此巨大，以至于他们早已无法意识到这些痛苦的感觉是他们自己的罪恶感。

所以，当你决定以温和的方式养育孩子时，一定要做好准备，如果你周围的人选择的都是更传统的养育方式，你可能会成为他们不和谐感受的催化剂，这意味着你会受到批评。作为回应，许多父母认为，通过文章和研究来"证明"温和的养育方式是对任何谴责的回应，尤其是来自亲戚的谴责。可悲的是，事实并非如此。每当你向他们介绍一项新研究、一篇新文章或一本新书时，无论这些内容多么具有说服力，你都只是加剧了他们的不和谐状态。事实上，越是有说服力的研究，你就越有可能增加他们的心理不适，反过来，他们会反击得更厉害。

那么，答案是什么呢？不幸的是，对有些人来说根本就没有答案。有时候，人们很难接受新的观念，因为要接受它们需要做大量的工作，在这种情况下，你最好的选择是像对待自己的孩子一样，给予他们同样的理解和同情。你要知道让他们听到你的信息有多么困难，以及你养育孩子的方式让他们感到不舒服的事实。轻柔而缓慢地、一点点地灌输这些信息可能会有所帮助，但对很多人来说，这可能只是一个相互尊重、求同存异的问题而已。

向前迈进——利用我们的失调达到良好的效果

很多时候，父母会陷入一种不和谐的状态，无法听到关于他们为孩子的出生或为人父母的早期所做的选择的真相。我们必须认识到并处理我们自己的内疚感，不能让它妨碍我们为那些追随我们脚步的人做出改变。我们不能仅仅因为某条信息对我们来说是有害的（无论是关于出生、母乳喂养、睡眠训练、纪律或其他任何事情），就让自己成为内疚的奴隶，必须把它作为一种促使我们改变的动力。当以这种方式思考时，内疚感就会变得积极起来——可以让父母和孩子都能得到治愈。

因此，当一项研究发表，表明一种常见的养育方式可能会对孩子造成伤害，或者可能不如我们对自己的孩子采取这种方式时所认为的那么积极时，我们必须接受它，不管它让我们有什么感觉。是时候结束产科医生米歇尔·奥登特（Michel Odent）博士所说的"死胡同流行病学"的循环了：

> 这个框架包括对热点问题的研究。尽管这项研究发表在权威的医学或科学期刊上，但医学界和媒体却对这一研究结果避而不谈。即使是最初的调查人员也没有对死胡同流行病学研究进行复制，而且这些研究在发表后很少被引用。[73]

温和的父母明白接受的重要性，不会因为自己的感觉而否认科学的有效性。再次提醒，当我们知道的更多时，我们就会做得更好，不管这段旅程有多艰难，无论它会对我们的信念和过去的行为造成多大的挑战。所以，如果你感到那些熟悉的愧疚感或后悔的感觉再次出现，请告诉自己："我用我当时掌握的信息，做了我当时该做的事。现在我知道得更多了，我可以做得更好。"一天一天来，善待自己和家人。这对你们来说都是全新的，会有一些小插曲和障碍，但你们已经完成了旅途中最困难的部分。情况会好起来的，事情也会变得更容易。提醒自己，愤怒、悲伤和行为上的倒退都是健康的阶段，而且在很多方面都是值得欢迎的反应。每个人都有艰难的日子，即使是那些从一开始就以这种方式养育孩子的人。

下一章专门讨论如何度过这些黑暗的日子，你会听到许多父母讲述他们的应对技巧。但首先，请你听听一位母亲的话，她在工作和自己的育儿过程中从主流思维方式过渡到了更温和的思维方式：

> 我是一名教师，受行为主义方法的影响，我一直在贯彻以教师为主导的活动。我学习了如何以学生为主导的方法，但发现自己很难完全摆脱这些行为技巧。当我成为一名母亲时，我的心态发生了改变，我开始以不同的方式来思考儿童发展，思考行为主义，主要是思考我自己——这是一个巨大的转变，我一直在努力，因为我相信这就是我要走的路，现在看来的确如此。但是，温和的养育和以孩子为主导的方式是一项艰苦的工作，而行为主义方法很容易进入其中。我每天都在努力，但与此同时，我觉得这是世界上最自然的事情，我知道这一切都是值得的。

第九章

期望的结果是什么

不要以你的收获来评价你的每一天，而要以你播下的种子来衡量它。

——罗伯特·路易斯·史蒂文森（Robert Louis Stevenson），

小说家、诗人

当某样东西起作用时意味着什么？就一件物品而言，意味着它能完成购买时的目的——"物尽其用"；就一种药品而言，意味着疾病得到了治愈或缓解；就一段关系而言，意味着双方都能得到幸福和满足。

那么，当温和的养育方式起作用时，是什么样子的呢？我们希望婴儿不哭吗？我们期待蹒跚学步的幼儿不发脾气吗？我们希望他们永远不会咬人、打人、推人吗？我们是否希望年幼的孩子能够学会分享而不是抱怨？我们是否期望他们与兄弟姐妹永远不闹别扭、他们的友谊永远不会结束？我们是否期望孩子们永远不会顶嘴或拒绝整理他们的房间？如果这些情况仍然发生，我们是否应该认为温和的养育方式是失败的？

我经常会遇到一些父母，他们宣称温和的养育方式"不起作用"。他们说，"这是个好主意，但我的宝宝还是一直哭闹"，或者"我们尝试了所有的建议，但我们的孩子还是在发脾气，还是在打他的弟弟"。从这些案例中很快得出的明显结论是，虽然父母们可能理解并欣赏温和养育背后的理论，但他们并不确定自己是否应该相信它，因为这对他们的家庭来说并不适用。

人们会找到各种各样的理由来解释为什么温和的养育方式不适合自己，他们认为在家里有多个孩子、妈妈要外出工作、单亲家庭或者家里有双胞胎或多胞胎的情况下，温和的养育方式是行不通的。事实上，在所有这些情况下，温和地养育孩子是完全可能的。问题在于家庭的投资水平。我说的不是财务投资——你可以买到世界上所有的背巾和尿布，但这并不能使你成为温和的父母。我说的是时间和承诺，改变你的选择和偏好，以适应新的养育方式。然而，对许多人来说，这些都是他们不愿意做的投资。

产生这种问题的部分原因是社会对"速效"的痴迷，无论是快餐、当天贷款、三天减肥食谱还是声称他们可以在短期内解决任何家庭问题的明星保姆。因为现实生活并不是这样的。真正的生活是混乱的。真正的成就需要时间，需要对环境进行重新评估，需要投入大量的精力和毅力。快速修复需要付出代价，而这个代价几乎总是出现在最初令人印象深刻的结果之后。但是温和的养育方式需要先付出代价，然后才能看到结果，这是我们的社会所不习惯的。

因此，温和的养育方式是很困难的：对幼儿来说，很容易陷入惩罚或奖励模式，尤其是如果这些方法之前已经迅速产生了预期的效果。

通过几个晚上的睡眠训练来让孩子安然入睡，这太容易了。但从长远来看，这些捷径并不能真正解决任何问题，它们只是掩盖了问题。

正如我所说，温和的养育是一项巨大的投资。有时候，这看起来就像是我们要将几千个小时存入未来的银行，同时还要为每天的生存而奋斗。这是许多父母在向温和的养育方式过渡时所面临的挣扎。温和的养育方式不是一蹴而就的，但它最终会得到回报。

温和养育的婴儿仍然会哭，会患上肠绞痛，会在晚上频繁醒来。温和养育的幼儿仍然会咬人、打人、踢人、推人，拒绝吃蔬菜。温和养育的孩子仍然会顶嘴、发牢骚，会和他们的兄弟姐妹争吵。然而，随着时间的推移，受到温和养育的孩子会享受与父母和兄弟姐妹的亲密关系，并能分担他们的烦恼。他们很可能会成为一个能抵制来自同龄人压力的青少年，不会对父母撒谎，拥有自己独特的快乐，并享受与他人建立有意义的关系所需的自信。一个被温和养育的孩子长大后会更容易说出自己的想法，更容易控制自己的情绪，他们会变得雄心勃勃，更有动力在生活中充分发挥自己的潜力。然而，也许最令人振奋的是，受到温和养育的孩子将会继续培养出另一代高情商的孩子。

这些父母描述了温和养育对他们的家庭所起的作用：

事实上，这种情况是我的一个朋友注意到的。当时我们在一家餐厅里用餐，我 3 岁的孩子把勺子弄掉了。我把我的给了她，准备用叉子吃我的甜点。她不愿意接受，因为她不想让我没有勺子用。我的朋友注意到了我女儿对我的担心。后来服务员又给她送来了一把勺子，我们这才高兴地继续用餐。

我丈夫的母亲对他不是很温柔。她当了几年的保姆，差不多是在弥补她给儿子带来的痛苦，但当她上个月来看我们 2 岁的女儿时，她几乎立刻就夸赞她的孙女是多么快乐、独立和乖巧，并感谢我的耐心和付出。选择温和的养育方式，仍然会有发脾气的情况，仍然会有愤怒和突破界限的情况，但我们看到，在这些界限周围施用善意可以减轻压力和紧张。

在我怀孕几个星期的时候，我们 20 个月大的孩子突然变成了一个小疯子。她一直都很善于表达自己的情感，但这是另一回事。我想知道我们是不是提前进入了可怕的 2 岁，或者如果我们还没有进入这个阶段，究竟发生了什么！有些人可能觉得应该采取计时隔离法，甚至是打屁股的惩罚方式，但一些人认为原因可能是她意识到我身上发生了一些变化，所以我用拥抱、拼图、涂色和看书等活动为我们创造了很多相处的时间。在接下来的几个月里，她的这种极端行为已经平息了很多。

我正在哭的时候，我 2 岁的女儿和 3 岁的女儿非常小心地走了过来，把手放在我的背上说："妈妈，我们会一直在这里等你，直到你感觉好些了。无论发生什么事，我们都会在你身边。"然后，她们慢慢地往后走，靠着墙站在离我不远的地方，等着。我不知道过了多久，大概 5 分钟，当我擦了擦脸，从地上站起来的时候，我 2 岁的孩子问我："你准备好了吗？"我说："是的，谢谢你们这么耐心地等待。"然后她们就跑过来把我给抱住了。

我一直都知道温和的养育方式，我每天和我 3 岁的儿子在一起都很开心。在一个普通的日子里，在一家餐馆，当我有点不舒服的时候，一个女人走到了我们面前。她说她注意到了我们及我们之间的互动，她说她喜欢我们的互动。她转身对我莫名其妙的儿子说："你真是个好孩子。"那天，镇上有一个关于虐待儿童的会议，所以我想她可能是一位教育工作者或相关领域的工作人员。

温和的养育方式确实有效，只是不像许多人期待或希望的那样能在短时间内迅速生效。就像上面的这些父母一样，那第一丝希望的曙光、第一个可能表明它正在起作用的迹象，是需要把握和坚持的。当你怀疑自己的坚持是否有用的时候，用它来激励自己。随着时间的推移，你会经历更多类似的事情，直到你毫不怀疑地相信：温和的养育方式确实有效！

如果温和养育对你无效应该怎么办？

最重要的是，你是否坚持了足够长的时间？坚持温和的养育方式至少需要 8 周的时间，尽管实际上可能需要更长的时间。接下来，请记住温和养育的七个 C：

- ·Connection 联系
- ·Communication 交流
- ·Control 控制
- ·Containment 包容
- ·Champion 支持
- ·Confidence 自信
- ·Consistency 一致性

你真的做到了这些吗？那些在向温和养育过渡的过程中挣扎的人，往往在七个 C 中的某些方面有所欠缺，交流、自信和一致性是目前为止最具挑战性的三个方面。

交 流

如果我们有压力，或者哪天心情不好，这通常会反映在我们的养育中，特别是我们与孩子的沟通上。孩子们是伟大的模仿者，他们不仅能领会我们所说的话，还能领会我们所说的话背后的含义和意图，以及我们说话时的语气和音量。有时候，当温和的养育方式不奏效时，这是一个信号，表明我们需要调整一下我们的沟通方式。在回应你的孩子之前，深呼吸并思考（THINK）一下：

True——这是真实的吗？

Helpful——这是有帮助的吗？

Inspiring——这是鼓舞人心的吗？

Necessary——这是必要的吗？

Kind——这是友好的吗？

在说话之前花点时间思考（THINK），不仅能让你的孩子，而且能让你的伴侣、其他家庭成员、同事和朋友都做出惊人的反应。

自 信

自信与时间有关。刚开始接触温和养育的父母往往很快就开始怀疑自己的育儿能力："她一定天生就很平静，我可不是，这个方法对我没用"或者"他是个好爸爸，他很有耐心，从不大喊大叫。我永远不可能做到像他那样"。我几乎可以向你保证，即使是最温和的父母，那些做任何事情看起来都很简单的母亲，也曾挣扎过。尽管他们可能使事情看起来很容易，但他们仍然会每天反思自己的育儿方式。你不知道关起门来会发生什么，也不知道他们心里在想什么。他们养育孩子的那些看不见的部分，很少像外在表现的那样平静和有序。

对自己的能力失去信心，甚至对孩子的能力失去信心，是父母们面临的首要障碍之一。所以，如果你现在觉得很难，那也没关系——大多数人都是这样。但是，就像那些在你之前走过这条路而没有放弃的人一样，你也会追随他们的脚步，有一天你也能激励其他人。你可以做到的。你只需要有足够的信心继续前进。

一致性

你真的试过了，但你就是做不到；你的孩子精力太旺盛或者太有主见了；你尽了最大的努力却还是失败了；你太忙了，太累了……在这里，我几乎可以保证，一致性是关键。因为当涉及界限和限制的时候，正是你忙碌和疲惫的时候——你宁愿做其他任何事情也不愿意遵循孩子的新睡前程序——你应该强制执行它们。太多的父母从一种方法跳到另一种方法，却从来没有给它们起作用的时间。同样，8 周是一个不错的目标。在评估任何结果之前，至少每天都要遵循温和的养育原则，坚持 8 周。缺乏一致性毁掉了太多美好的愿望，不要让它再毁掉你的愿望。在下一章中，我们将看看你需要在生活中做些什么，以使你变得更加一致。

其他父母如何应对艰难的日子？

在写这本书的时候，我和许多父母谈到了他们是如何度过那些艰难的日子的——那些他们很容易对温和的养育方式失去信心的日子。以下是他们的一些答案。我希望它们能像激励我一样激励你：

只专注于这个晚上，只专注于这一天，只专注于这项活动。不要想下一个晚上、下一天或下一个活动的事。

请记住，全世界都有和你一样挣扎的父母。你并不孤单。

我想，我们重新开始，我不是超人。我只是抱着我的小家伙。我努力保持冷静，并提醒自己这一切都会过去！

有一天，你会忘记这些艰难的日子，会想念蜷缩在你身上的这个小身体，而这一切只需要一个拥抱。每一年都很快，但每一天都很漫长。

我告诉自己："我的女儿坚强、意志坚定、敢于质疑、独立自主、充满活力……这些都是好品质，这些都是好品质！"

我提醒自己，这不是他们的错，也不是我的错。我们在一起，我们会一起渡过这个难关。

我停下来，看着我可爱的儿子的脸，想：我能成为他的妈妈真是太幸运了！

当我想到有一天她将不再那么需要我时，我就觉得应该好好享受这段亲密的时光。

慢下来……当你的日常生活变得很艰难时，问问你自己，谁会更烦恼：你还是你的孩子？想一下在这个过程中应该把谁放在第一位，然后慢慢来。如果他们没有洗澡或刷牙怎么办？这事明天也可能发生。如果我迟到了怎么办？这能帮助我退一步，慢慢来，换个角度，把我的孩子放在第一位。

我只记得，我当初并不是为了方便才生孩子的。我知道妈妈这个角色需要每周 7 天、每天 24 小时不间断地工作，而我不能放弃。一个美好的、长时间的、紧紧的拥抱，无论什么时候，都能帮上大忙。

我总是对自己说："这是暂时的。"然后我试着去想，当这些艰难的时期全都度过的时候，未来会是什么样子。我也喜欢梦想一个美好的假期，我知道这在不久的将来一定会发生。有时候我会想一些周末计划做的开心的事情或者让自己关注一些美好的事情。

如果你不能改变这种行为，那就改变你对它的态度。

我试图提醒自己要努力回应孩子而不是简单地做出反应。我可以用这种方式把情绪排除在外，从孩子的角度考虑，而不是只考虑它对我的影响。

"这也是他们的一天。"当你一天有上百件事情要做，而你所能做的就只有读书和去公园玩，你也会因为孩子度过了愉快的一天而感到高兴，即使你会觉得一天下来自己并没有什么收获。

我试图想起第一次抱着他们的那一刻，以及那种奇妙的感觉。这总是能让我平静下来。

我提醒自己：她这么做是有原因的。这对她来说是件大事。在她那么小的身体里面却藏着如此强烈的感情。

当我有了孩子时，我的一位老朋友对我说："记住，孩子需要很多的爱、耐心和时间。"这句话让我度过了最艰难的时刻，原因就是：当你准备好付出所有你能付出的爱时，拥有耐心并不难。一旦你有了耐心，处理问题的时间就不会那么糟糕了。而且，你再怎么爱孩子也不为过。

从现在开始，成为我想成为的父母，任何时候都不算晚。

我觉得用最后这句话来结束这一章很合适。不管过去发生了什么，也不管现在发生了什么，都不重要。未来是任何人都可以去拥抱和改变的。永远不会太晚。

第十章

照顾好你自己的需求

我开始相信，自我关爱并不是自我放纵，而是一种生存行为。

——奥德丽·罗德（Audre Lorde），作家

如果说温和养育有什么秘诀的话，那就是照顾好你自己。如果你的情感和身体需求得到了满足，你就会更平静、更有耐心。如果你更冷静、更有耐心，你就有可能更平和、更尊重他人。如果你具备了所有这些特质，那么你对待孩子的方式就极有可能是温和的。

　　你现在的感觉如何？你觉得休息得好吗？你的思想是否完全集中在当下？你的身体感觉平静吗？你觉得自己有足够的精力来包容你的孩子吗？

　　或者，你是否感到疲惫不堪，脑子里充满了奔腾的思绪，担心着那些可能永远不会发生的事情？你是否能感觉到身体的紧张——胸口发闷、肩膀隆起、脖子酸痛？你的脑袋里是否装满了"东西"？你是否曾经觉得自己再也无法应付——你需要从成年人的身份中解脱出来，也需要从孩子的生活中解脱出来？

　　如果你紧张、心不在焉、营养不良、休息不好，那么，尽管你的本意是好的，你还是会对孩子大发雷霆、大吼大叫，或者对他们的担忧置之不理，因为你根本就没有空间处理其他事情。如果你今天在育儿方面只改变了一件事，那么就让它成为你照顾自己的方式吧。照顾好自己并不是自私，它不是一种奢侈品，而是一种必需品——就像呼吸和吃饭一样重要。意识到这一点的父母才是更好的父母。毕竟，如果你自己都急需精神食粮，又怎么可能去哺育孩子呢？

　　许多父母为了供养孩子而牺牲了自己的需求。养育孩子可能是一项没有自我和吃力不讨好的任务。不过，照顾好你自己也很重要。如果你不照顾自己，谁会照顾你呢？如果你不好好照顾自己，一旦有不好的事情发生在你身上，谁来照顾你的孩子呢？我再怎么强调这一点的重要性都不为过。温和的父母需要先养育他们自己——喂养他们的身体，他们的灵魂，他们的思想。所以，做任何你需要做的事情来保持冷静和放松。你可以培养一种爱好，抽出时间去阅读、游泳、上瑜伽课、跑步，也可以去散步、和朋友聚会、安排时间每周进行一次长长的泡泡浴。因为当你被滋养的时候，一切都会变得更容易，而当你平静下来的时候，你的孩子也会变得更平静。这是一个不断重复的循环，可悲的是，这个循环对许多人来说往往是负面的。

我问过一些父母，他们是如何照顾自己的需求的，他们是这样告诉我的：

> 我跑步。如果不跑步，我可能会崩溃！我也努力确保自己有时间和伴侣一起远离我们的儿子，以保持我们的亲密关系。

> 去年我报名参加了半程马拉松比赛，尽管我从来没有跑过超过 5 千米的距离，因为我知道我需要一个理由来证明出去跑步的合理性。很明显，我认为真正的理由是为自己做一些有益的事情，但我很容易陷入把自己放到最后的陷阱。我发现如果给跑步一个理由，那么把自己放在第一位就容易多了。

> 我在周末洗澡的时候，会鼓励爸爸和孩子们在一起。每周有一个下午我会请保姆帮忙照看孩子几个小时，这样我就可以做一些自己的事情了。

> 我尽量让孩子们坚持每晚早睡，以便我在晚上有一些自己的时

间。我的孩子们整天都很充实，所以我需要一个机会来满足我的爱好（编织、缝纫等），并重新调整自己。如果我没有这样的时间，我就是一个脾气暴躁、不耐烦的妈妈，这对谁都没有好处。

我一直在想，我应该放弃每周一小时的萨尔萨舞课程，因为组织和计划它确实需要一些时间，而且我已经被大量需要做的事情压得喘不过气来了！但我又不得不提醒自己，这确实是一周中我唯一不用负责、不需要考虑房子和孩子的时间，对我来说，我真的需要这样的时间。

我试着练习正念来让自己的心态保持平和。现在当我们在育儿方面遇到困难的时候，我丈夫和我都能坦然面对。仅仅承认养育孩子会有困难的时候，就会有所帮助。

泡个舒服的澡，看一本好书，或者在我老公带着宝宝散步的时候，一边看我最喜欢的电视节目，一边做一些针织品。

吃得好

你的饮食健康又营养吗？你经常为了照顾孩子而牺牲自己的营养需求吗？在给宝宝蒸有机蔬菜的时候，你会不会只匆匆吃一个三明治或其他外卖食品？你是否只关注孩子食物中的营养成分，却不太关注你自己的？你是否每天都要给孩子补充维生素和矿物质却从不为自己考虑？或许你是想恢复产前的身材而限制自己的食物摄入量？

健康、均衡的饮食不仅对你的孩子很重要，对你也很重要。这对母乳喂养的母亲和所有刚刚分娩的人来说尤其重要。确保你每天吃的各种食物中富含健康的脂肪和蛋白质。避免"减肥"食品和饮料，注重清洁饮食。清洁饮食意味着避免加工食品，而是吃简单、有营养、不含添加剂（包括糖和人工甜味剂）的食物。很多人担心清洁饮食所花费的时间，但只要预先计划一下，这是很容易的。批量烹饪和膳食计划是家庭饮食的两个关键，它们对你的预算也有好处。所以，当你做饭的时候，可以试着一次做两份，然后把其中一份冷冻起来，下次食用的时候你只需要把食物加热一下就可以了。你甚至可以预先准备好食材，然后把它们放在冷冻袋里冷冻起来，这样就提前完成了做饭过程中艰难的一步，当要准备饭菜的时候，你只需要拿出食材、直接烹饪就可以了。如果你有一个慢炖锅的话，这个方法尤其好用。你可以在早上把预先准备好的食材解冻后放进慢炖锅里，炖上一整天，然后在晚上坐下来享用一顿营养丰富的晚餐。

对许多人来说，尤其是新妈妈们，她们的身体需要时间从怀孕和生产中恢复过来，而某些维生素和矿物质的缺乏会让她们更容易感到疲惫、焦虑和抑郁，进而对她们的免疫系统产生不利影响。

维生素 B12

缺乏维生素 B12 会导致极度疲劳和疲惫、易怒、抑郁、精神错乱、坐立不安、口腔溃疡和舌头疼痛。维生素 B12 有不同的形式，包括氰钴胺和甲钴胺。氰钴胺通常很便宜，而甲钴胺更有效，也更容易被吸收。

维生素 D

人体的许多疾病都与缺乏维生素 D 有关，包括某些类型的癌症、糖尿病和葡萄糖不耐受、高血压，以及肌肉无力和关节疼痛。如果你是孕妇或处于哺乳期，就应该适当补充维生素 D。（有一种相当有力的观点认为，补充维生素 D 对大多数人都有好处，特别是如果你每天不怎么接触自然阳光的话。）在选择补充剂时，应寻找一种含有维生素 D₃（或胆钙化醇）的补充剂，这是维生素的天然形式，也是最容易被人体吸收的形式。

镁

人体缺乏镁元素会导致入睡和放松困难、焦虑和抑郁、肌肉痉挛和抽搐及眼肌痉挛。镁缺乏症相当普遍，可以通过使用透皮喷雾来补充镁，也就是我们所说的"镁油"，你只需每天在皮肤上喷一到两次就可以了。这种形式比通常在大街上看到的便宜的药片更容易被身体吸收。另一种增加镁元素的好方法是向洗澡水中加入一两杯泻盐，每周洗一到两次。

锌

对于一个健康运作的免疫系统来说，锌是必不可少的。因此，那些缺乏锌的人更容易感染感冒和其他病毒。锌元素缺乏还会导致脱发、食欲下降、性欲减退及皮疹。锌很容易以片剂的形式进行补充。

睡得香

"宝宝睡着的时候你就睡觉"这一古老的建议是非常明智的，尽管它可能会让人感到沮丧。它不仅适用于婴儿的父母，也同样适用于幼儿和年龄较大的孩子的父母。然而，许多父母不听劝告，当他们的孩子睡觉时，他们却在匆忙地打扫和整理房间。家务活可以等一等——家里是否脏乱并不要紧，但如果你因为缺乏睡眠而过于疲惫，无法按照你希望的方式来养育孩子，那就很重要了。充足的睡眠是至关重要的，尽管你的孩子还小，你可能无法在一夜之间获得 7～8 小时的睡眠，但你可以——而且应该——通过白天的小睡和晚上早睡来补充睡眠。

如果你和伴侣住在一起，每周各安排一天"睡眠时间"也是非常有效的。这种方式是，一个人在夜里和第二天早上照看孩子，另一个人安心地睡觉，这样彼此轮流睡觉和补觉。我发现，如果这种情况发生在周五和周六，父母中的一方在周五晚上照看孩子，另一方"补觉"，然后在周六晚上交换，这种方法真的很管用。有些父母也会在早上做类似的事情，每周至少给对方一次睡懒觉的机会。

具有讽刺意味的是，许多父母发现即使他们的孩子睡着了，他们也很难入睡。如果你也是这样，那么建议你考虑以下几点：

·检查你的饮食——你是否摄入了过多的咖啡因？你是否摄入了足够的镁，或者你需要补充吗？

·确保你的卧室足够凉爽——18℃是睡眠的最佳温度。

·将所有的屏幕从你的卧室移走——所以不要看电视、笔记本电脑、平板电脑或智能手机。

·注意卧室的灯光，把普通灯泡换成红色灯泡，以免抑制睡眠激素——褪黑素的分泌。

·试着遵循你自己的睡前习惯，可以在睡前两小时"关掉"所有的电子设备，然后泡澡或淋浴，接着喝杯热饮，蜷缩在床上看书。

当你躺在床上的时候，不要想着如何入睡，而是专注于感受你的身体和心灵的放松。睡意会随之而来，但如果你想得太多，入睡的可能性就会大大降低。有趣的是，所谓的"库埃反向努力定律"表明，我们越是努力去做一件事，它就会变得越困难。因此，你越是关注自己无法入睡的问题，你就会变得越紧张，入睡的可能性就越小。在"当你想大喊大叫时该怎么办"这一小节中，有些建议可以帮助你放松并让你平静下来，从而很快进入到睡眠状态。

练得爽

当你精疲力竭、渴望休息时，锻炼会让你望而却步。然而，通常情况下，这恰恰是最有效的方法。当你锻炼的时候，大脑会释放出一种叫作内啡肽的化学物质。这种化学物质不仅可以帮助你减轻压力和抑郁，还能起到止痛或镇痛的作用。因此，运动能让你更积极地思考，并且让你感觉更有活力。

锻炼不一定非要在健身房里进行，散步、游泳和跳舞对身心都有好处。做园艺也是一种很好的锻炼方式，同时也是增加维生素 D 吸收的绝佳方式。多运动真的可以帮助你保持平静和放松，也可以帮助你提升体能。

当你想大喊大叫时该怎么办？

你多久会对你的孩子吼叫一次？对许多人来说，答案可能是"太频繁了"。不可避免的是，父母的喊叫会导致孩子的喊叫。孩子会模仿别人的行为，所以，如果你的孩子大喊大叫、生气，你就应该回想一下自己是否也经常如此。

如果你的老板因为你在工作中做错了事而对你大吼大叫，你会仔细听他说话并认真考虑他想表达的观点吗？还是会对他的咆哮充耳不闻，无视他所说的大部分内容？大多数人肯定会选择后者。这同样适用于与孩子的交流：你的声音越大，他们越不在乎；你越大喊大叫，他们越不愿意和你交流。

除了照顾好自己的需求外，减少大喊大叫的一个好方法就是制作一个可以持续使用一周的"吼叫罐"。每次你大喊大叫时，就往罐子里放一枚硬币（价值由你选择）。在一周结束时，数一数罐子里的硬币（你可能会对罐子里的硬币数量感到震惊），然后用这些钱为自己买一些东西，比如杂志、新书、泡泡浴或巧克力棒。每周重新开始，希望你能注意到，随着你对自己的行为越来越关注，硬币的数量会逐渐减少。这里的积极意义在于，当你最需要自我照顾的时候，你就会有最多的钱去做这件事。

此外，想想除了大喊大叫，你还能做些什么？也许下面的某条建议会对你有所帮助：

·放慢呼吸。闭上你的眼睛，用鼻子深吸一口气，数到 7，然后呼气，再次用鼻子吸气，数到 11。

·瑜伽式呼吸。再次闭上你的眼睛。将你的右手拇指放在你的右鼻孔上，然后将右手的中指放在你的左鼻孔上。现在，用拇指按住你的右鼻孔，用左鼻孔深吸一口气。保持一秒钟后，松开拇指，用中指按住左鼻孔，然后用右鼻孔呼气。屏住呼吸一秒钟，然后再次按住你的右鼻孔，用左鼻孔吸气。反复进行，直到你感到平静。

·想象你的港湾。在自然界中是否有一个真正能让你产生共鸣的地方？海滩、森林、山脉、湖泊还是瀑布？闭上你的眼睛，想象一下你在那里的样子，直到你感到平静。

·想象一下，把你的愤怒恒温器调低。闭上眼睛，想象你的脑袋里有一个恒温器——就像控制中央供暖系统温度的那个一样，只是在这种情况下，数字反映了你的愤怒程度。你可以想象自己在转动旋钮或按下按钮来调低恒温器，这样你的身体就会做出相应的反应。

·做一些不同寻常的事情。唱歌、跳舞、吹口哨或哼唱。让你的行为成为你情绪的安全阀。

·制作一个提示带。在你的手腕上戴一条有弹性的带子，在你可承受的范围内越紧越好。当你想大喊大叫的时候，轻轻地拨动手腕上的带子，并在脑海中重复"我很平静，我的声音很平静"。

·离开房间。在孩子的行为和你的反应之间留出一段时间。从某种意义上说，这就是成年人的"休息时间"。不过，你的离开并不是在惩罚你的孩子——相反，你是在尊重他们，把自己从一个可能会说或做一些你并不真正想做的事情的环境中解脱出来。告诉你的孩子你为什么要离开，让他们给你一分钟的时间让你冷静下来。告诉他们，一旦你平静下来，你就会马上回来。

·使用减压物品。将压力球、橡皮泥之类的松软物品放在口袋里，可以让压力通过你的手离开你的身体。

正　念

正念听起来很复杂，或者说很"另类"，但实际上它是一个非常简单的科学概念。正念只是简单地将你所有的注意力，不带任何偏见或判断地集中在你身体内的感觉、你的情绪和你周围的环境上。它关注的是现在，而不考虑过去或未来：充分活在当下。练习正念意味着你要专注于你自己的存在和你周围的环境，而不去关心其他地方的人和事。

年幼的孩子天生就善于处于正念之中。随着年龄的增长，我们会失去对那些真正重要的事情的关注，并在我们周围创造出各种各样的人为现实，这些现实是建立在那些可能永远不会发生或已经发生了但我们永远无法改变的事情之上的。正念就是让你接受自己现在所处的位置和身份，并且让你明白此时此刻你所需要的一切。你越专注，你的思维就会越平静，你的身体就会越放松。

尽管现代正念的大部分内容源于佛教教义，但它的实践不需要附加任何宗教或精神信仰。如今正念已被科学界所接受，并被世界各地的医生和心理学家所推荐。研究证明，它可以缓解焦虑和抑郁、改善肠道和皮肤状况，以及促进睡眠、分娩和儿童的学习和行为。任何人都可以学习和练习正念。有许多不同的课程和工作坊可供选择，你也可以通过书籍、CD 或在线课程轻松学习。正念也许是获得"自我时间"的最好方法之一，每天只要 10～15 分钟就能彻底改变你的育儿方式。

支持网

在本书的开头，我就提到了在你周围建立一个支持网络的重要性。这对你的自我照顾至关重要，所以如果你还没有，现在就建立一个是非常有必要的。你的支持网络可能包括家人、朋友、志愿组织，如果资金允许的话，也可以寻求有偿帮助。当你不知道该如何利用你的支持网络来帮助你温和地为人父母时，以下建议可能会给你一些启发：

·如果你今天过得很糟糕，拿起电话，打给一个朋友或亲戚，或者是一个与育儿有关的帮助热线。

·通过网络和一个正在经历类似事情的朋友聊天，这会让你意识到自己并不孤单。

·给孩子安排一次玩耍的约会，在娱乐孩子的同时，也为自己找一个可以聊天的人。

·问问你社交圈里的人，看他们是否能陪你的孩子待上一两个小时，这样你就有时间独处了。

·如果你有足够亲近的家人或朋友，而且你的孩子经常在晚上醒来，问问他们是否可以进行一晚上的轮班，让你能够补充睡眠。

·在妈妈群中定期组织互相帮忙照看孩子的安排。

·考虑在外面组织一场大型聚会，这样你就不需要整理和打扫房间了。

如何把温和养育的七个 C 应用到你自己身上？

许多父母花了太多的时间在养育和尊重他们的孩子上，以至于忘记了给予自己同样的特权。你会像对自己说话一样跟别人说话吗？如果你的伴侣以你对待自己的方式对待你，你会继续维持这段关系吗？你希望你的孩子在成长过程中尊重自己的身体、思想和需求吗？如果是这样，那么你也需要以同样的方式对待自己。把这七个 C 应用到你自己身上是至关重要的。

Connection 联系

你如何与童年的自我相联系？从很多方面来说，成为父母会暴露出你所接受的养育方式的不足和缺陷。为了愈合，有时候你需要培养自己才能继续前进。你满足自己的需求了吗？或者你已经忽视它们太久，以至于你都不知道它们是什么了？也许你需要与朋友、亲戚或伴侣有更多的联系？

Communication 交流

你的身体在告诉你什么？你是否注意到自己内心不安的微妙暗示？疼痛、痛苦、烦躁、对食物的渴望都表明有些事情是不对劲的。你的身体在告诉你什么？你是否向别人充分表达了你的感受？还是你压抑了这些情绪，然后在未来的某个时刻，当你再也坚持不下去的时候，将自己置身于"崩溃"的风险之中？你压抑的情绪是否使你对孩子变得暴躁和易怒？正念练习是加强与自己沟通的一种很好的方式。

Control 控制

你对自己的生活有多少控制权？有没有什么方法可以让你获得更多的控制权？或者恰恰相反，也许你需要多"放手"一点？正念是一个很好的工具，可以帮助你放松，让你活在当下，而不是担心你无法控制的事情。

Containment 包容

谁或什么在容纳你的情绪？你想把它们都藏在心里吗？你是否需要在你的容器中留出空间以容纳孩子的情绪？如果是这样，那么你就需要找一个人（或某样东西）来容纳你自己的情绪。这可以是你的支持网络，可以是一项运动、一种爱好，也可以是一个支持组织。不要让你的容器变得太满，以至于你对别人毫无用处。

Champion 支持

谁支持你的需求？当你忙于满足家人的需求时，往往会把自己的需求排在最后。谁或什么能让你对自己的育儿技能感到满意？我们很少称赞其他父母的技能，也很少称赞我们自己。不要害怕寻求帮助，如果可能的话，花一天时间来培养自己——你的需求也很重要。

Confidence 自信

作为父母，怎样才能提高自己的自信心呢？你是否对自己不够自信？你该如何改进这种情况呢？和那些能激励你、帮助你自我感觉良好的人在一起，要记住，别人的批评往往源于认知失调，实际上与你无关。

Consistency 一致性

你缺乏一致性吗？你觉得执行边界很难吗？你觉得说"不"很难吗？同样的，你在自我照顾方面是否能做到始终如一？或者你是否会半途而废而不是坚持到底？反过来说，也许你需要更灵活一点？放松你的常规和期望，让自己被生活所引导，而不是总想把它引到某个方向。

最后，我想用一位母亲给我的留言和我的回答来结束这一章。

问：我该如何善待自己？我有一定程度的产后焦虑，我总是怀疑和质疑我所做的一切。我怎样才能温柔地对待自己？

答：以对待孩子一样的同情心和尊重来对待自己很重要——意识到你的需求应该得到满足，并采取必要的措施来满足它们。如果你还没有，试着寻求帮助来缓解你的焦虑。这是很常见的，但可以得到改善，你不需要像现在这样继续下去。所有的母亲都会怀疑和质疑她们所做的一切——我当然也不例外——这是一件永远不会消失的事情。在某种程度上，这是一个伟大母亲的标志。想象一下，如果你从来没有怀疑过自己——那将是相当危险的！关键是要尽量控制自己，学会更多地相信自己的直觉，并对自己的育儿能力充满信心。在自己周围建立一个良好的支持网络真的很有帮助，尤其是可以和你分享你的感受的其他母亲。所以，如果你还没有这样的人际网络，一定要想办法建立起来。我也建议你学习正念，它在你向父母身份过渡的过程中会很有帮助，而且对一般的焦虑也能起到缓解作用。

第十一章

特殊情况下的温和养育

孩子们不会记得你试图教他们什么。他们只会记住你是怎样的人。

——吉姆·亨森（Jim Henson），编剧、导演、木偶师温和的养育方式并非只适用于某一类人。温和的父母来自各行各业。他们当中有一个孩子的父母，也有多个孩子的父母。他们可以是养父母，也可以是亲生父母。他们可以是单身、分居、同性或异性关系。温和的养育方式不仅适用于特定的儿童群体——它适用于所有人，不管他们的需求是什么。

同样，七个C并不排斥任何人，无论是父母还是孩子。温和养育的精神是建立在个性的基础之上的，因此，作为父母，你应该根据自己的独特情况来运用它们，并确保你有足够的自我照顾能力，以便能够遵循它们。

双胞胎或多胞胎的温和养育

一个普遍的误解是，双胞胎和多胞胎必须按照严格的行为控制方法来养育。虽然一次养育多个孩子无疑要付出更多的努力，但温和地这样做并非不可能。

双胞胎、三胞胎和更多的孩子往往被当作一个孩子来对待，这是传统的多种养育方法所犯的最常见的错误之一。如果你有一对双胞胎，你就会有两个有着截然不同需求的孩子，就像你有两个在不同时间出生的孩子一样。这就意味着双胞胎可能需要不同的睡前仪式，不同的方法来处理他们的行为，不同程度的联系和分离需求，以及在饮食、玩耍和活动方面的不同偏好。尽管把双胞胎看成一对并制订"双胞胎计划"似乎更容易，但从长远来看，这往往会产生更多的问题，就像把你的孩子相互比较一样。

下面这些父母讲述了他们为什么以温和的方式来养育双胞胎，以及他们为什么相信，这样做最终会更容易。

我有一对双胞胎，第一年非常艰难。我和他们哭的次数比我想象中要多得多。我认为温和的养育方式对双胞胎来说是必不可少的，因为他们要分享他们生命中最重要的东西——你！事实上，我总是以同情心来对待他们，并承认轮流或分享确实很难，我认为这真的很有帮助。2岁半的时候，他们开始互相体谅对方，变得越来越可爱了。

我有一对双胞胎，幸亏我选择了温和的养育之路，不然我想我会被养育工作完全淹没，并感到无法控制。我和孩子们在一起很放松，我非常谨慎地选择我的战斗方式，我发现自己很少有压力。我的一个儿子很闹腾，我必须时刻留意着他，而另一个儿子相对于他这个年龄（17个月）来说，非常有同情心，非常温柔。我发现一件事情自己要重复做很多次，但我相信这样做是值得的。我相信，在温和的养育方式下，我们的孩子非常快乐，这最终会帮助他们成为独立而又自信的人。因为他们有一个共同的妈妈，所以陪伴在他们身边，培养他们之间的感情就显得尤为重要。

培养孩子的个性和尊重他们的不同需求的关键是要给自己足够的自我照顾，并尽可能建立最好的支持网络。实际的帮助，比如产后护理师或者你母亲的帮助，甚至是清洁工，都是理想的选择。在早期，你很可能需要两个人来完成孩子们的睡前准备工作；随着孩子们的成长，他们需要和你

"一对一"的相处时间，而没有他们的兄弟姐妹的参与，这种需求的增加将使你再次需要一个额外的帮手。

情感上的支持也很重要。你可以通过当地的互助小组与你所在地区的多胞胎父母见面，他们可能会成为你的救命稻草。即使他们所采取的养育方式与你的截然不同，你仍然可以从与他们的相处中学到很多。共同的经验和理解的感觉可以帮助你以最适合自己的方式来应对和养育你的孩子。

双胞胎或多胞胎的产前计划

为双胞胎、三胞胎或更多孩子的到来做准备是一件令人兴奋的事情，但与单胎相比，这可能需要更多的准备和思考。你首先需要做的两大决定是关于婴儿的出生和喂养。根据婴儿和胎盘的健康状况和位置，自然顺产是很有可能的，如果你愿意的话，甚至可以在家里或水中分娩，尽管这可能不是你的顾问所建议的。如果你真的决定要自然分娩，那么你能做的最好的投资就是聘请一位专门从事多胎分娩的导乐或独立助产士，他们会帮助你充分探索你的选择。

在宝宝喂养方面，完全可以用母乳喂养双胞胎、三胞胎或更多的孩子，而且很多多胞胎的母亲每天都在这样做。不过，你可能会发现，你需要从母乳喂养咨询顾问或哺乳顾问那里寻求专家支持，他们可以向你介绍同时喂养两个婴儿的特殊姿势。在孩子出生前，与一位母乳喂养双胞胎或多胞胎的母亲见面也是一个好主意。

在养育双胞胎的时候，一定要投资一两个好的婴儿背巾，并且拜访一位育婴顾问也是一项很好的投资。学会同时带两个孩子是非常有用的，尤其是如果你还有一个大一点的孩子的话。虽然网上有很多视频展示了携带婴儿的各种方法，但如果能得到一些专家的亲身指导会更好。

最后，在考虑睡眠安排时，要考虑到你的宝宝们在子宫里时的状态。

除了与你接触外，他们也一直保持着接触。出于这个原因，让宝宝们一起睡在婴儿床或摇篮里，可以帮助他们保持平静。

如果你希望与宝宝们同床共眠，请遵循安全的同床指南，并将宝宝们分开放在你的两侧。其他人不应该再和你们共用一张床，最好在地板上放一个床垫，以防止宝宝掉下来。

寄养或收养后的温和养育

关于依恋，很多人都只是嘴上说说而已。这是一个热门词汇，很多时候人们给出的建议实际上是与它相悖的。一个曾经被照顾过的孩子迫切需要通过身体接触或其他方式获得联系和包容。他们需要别人倾听自己的故事，但只有在他们感到足够安全的情况下才能与你交流。对于这些孩子来说，温和的养育方式可能是最重要的。除非你抚养或收养的是一个新生儿（这种情况非常罕见），否则你将迎来的孩子很可能来自一个照料不佳的环境。即使孩子在这之前的成长环境是最理想的，你仍然需要帮助他们适应从亲生父母身边被带走的创伤，或者被从养父母身边带走的悲痛。

这种悲痛和创伤，以及在被虐待或被忽视的环境中生活过的经历，可能会导致孩子更加敏感或情绪不成熟——他们通过暴力将自己的情绪外化，或将情绪内化，表现出焦虑或抑郁的迹象。被照顾的孩子需要大量的同情心和耐心，以及无限的、无条件的爱。重要的是，不要给他们或他们的行为贴上"顽皮"的标签。很大一部分被照顾的儿童会表现出行为问题。然而，这些都是他们正在经历的巨大而不舒服的感觉的症状，而且可能他们已经经历了很长一段时间。传统的行为控制措施在这里应该比以往任何时候都要避免。任何导致孩子进一步内化和压抑情绪的做法，如计时隔离或顽皮阶梯，都会给他们造成无法弥补的伤害。

同样，许多寄养和收养机构给出的标准建议，即"尽可能地奖励和表扬好的方面"可以帮助孩子建立一些急需的内在动机，而这在几乎所有情况下都可能是需要避免的。表面上赞扬和奖励"好"的行为，是在向孩子们表明，只有当他们表现得"好"时，他们才是可爱的，而且他们不能真实地通过他们的言语或行为来分享他们的真实感受。对于被照顾的孩子来说，真实感受是至关重要的，任何压抑这一点的东西，比如奖励和表扬，都应该避免。

被照顾的孩子需要一个支持者，他们需要大量的一致性，他们需要对自己以前失控的生活进行一些控制。然而，他们更需要的是耐心和理解。不要急于建立联系——为了建立联系，孩子首先需要信任，为了发展这种信任，他们需要知道自己是被爱的，即使在他们最不可爱的时候。事实上，正是在他们表现得最糟糕的时候，他们最需要你的爱、关注和理解。

对于那些收养或领养婴幼儿的人来说，通过近距离接触建立联系、用背巾背着孩子、同床共眠、给婴儿按摩，这些都是非常有帮助的。肌肤接触和你的持续陪伴可以帮助治愈分离焦虑和不安全的依恋。不幸的是，寄养机构的建议通常是：出于安全考虑，应该避免与孩子同床。在这里，重要的是要弄清楚谁的需求最重要，以及该建议真正保护的是谁。

收养、寄养的父母也需要考虑自己的需求——自我照顾和支持在这里是至关重要的。不管你给他们提供的家对他们来说是临时的还是永久的，照顾一个收养或寄养的孩子都是一项巨大的工作，可能会对你的身体和情感造成伤害。所以，一定要确保你有一个良好的支持网络——尤其是有其他寄养或收养父母在内的网络——并让自己有足够的时间休息和定期休养。如果你是寄养者，出于这个原因，你应该尽可能在两次寄养之间留出至少一两个月的休息时间。

接受过生育治疗或之前失去过孩子后的温和养育

在经历了漫长的怀孕挣扎之后，迎接你的第一个宝宝无疑是你生命中最美好的时刻之一。当你把宝宝抱在怀里的那一刻，你会很快意识到，所有的等待都是值得的。许多父母会很容易适应这种转变，从容地度过每一天，满怀着对拥有一个健康宝宝的感激之情。然而，对另一些人来说，让他们心存感激并完全接受自己的幸运，往往会给他们带来很大的压力和焦虑。

对于那些在之前失去过孩子或接受生育治疗后成为父母的人来说，当他们对自己的孩子感到不满，或者承认自己并没有像他们想象的那样享受这段经历时，他们会感到内疚，这是很常见的。所有的父母在养育孩子的过程中都会有这样的感觉，但对于那些经历了更多困难和更长时间的父母来说，这种感觉会让他们备受打击。他们知道迫切需要一个孩子是什么感觉，所以他们会认为自己永远都不应该抱怨，也不应该向任何人承认生活并不如他们所期望的那般美好。

如果你发现自己处于这种情况，请放心，你的感觉是完全正常的，完全可以理解。你不是超人，你的孩子也不是电视广告或贺卡上那些不切实际的从不哭闹、从不发脾气的孩子。你们都是真实的，你们的情绪也是真实的。对自己好一点，允许自己去感受任何你需要感受的东西，你不会因为偶尔想知道自己为什么这样做而成为一个坏人。你只是花了更长的时间到达目的地，并不意味着你应该比其他人更需要感恩。

温和地养育有特殊需要的孩子

如果你有一个有特殊教育需要的孩子，很有可能你会被推荐使用一些行为控制方法，这些方法主要是奖励孩子的良好行为，并在孩子"淘气"时不予理会。目前有一种令人担忧的趋势，即对有特殊需要的儿童过于苛刻。行为控制方法比比皆是，尤其是在睡眠方面。然而，有特殊需要的儿童由于其发育水平和认知能力，往往很难入睡。出于某种原因，许多大型组织都提倡父母对有特殊教育需求的孩子进行睡眠训练，比如控制哭闹、快速返回（建议父母将孩子放在婴儿床或床上，然后离开房间，如果孩子哭闹，则短暂返回安抚他们，然后再次离开，反复进行，直到孩子睡着）或者哭出来，尽管这些方法与孩子的需求和能力是不一致的。

这些管教建议并没有帮助父母理解孩子行为背后的心理和生理过程（这应该是最重要的），而是通过使用包括顽皮阶梯、计时隔离及在孩子表现"好"的时候给予大量赞扬和奖励等方法。这种外在的鼓励，损害了孩子的内在动机，同时往往忽略了他们的神经系统功能。例如，一些有特殊需要的孩子在心智理论的习得方面可能有更大的困难，但这并不意味着他们永远不能发展社交行为，也就是说，你不太可能通过惩罚他们的反社会行为来鼓励他们。帮助这类孩子发展适当的社会行为的最好方法，和对其他孩子一样，就是给予尊重和同理心。这就意味着父母要重新设定对孩子能力的期望，减少训练和控制的欲望。当然，要做到这一点，同样需要一个能够给予支持的群体，特别是包括其他有特殊教育需求的孩子的父母，以及大量的自我关照。

这位母亲解释了为什么她更倾向于温和的养育方式，而不是采用专业人士通常提倡的"胡萝卜加大棒"的方式：

> 我的小儿子患有唐氏综合征。他今年五岁了。我试着对他使用温和的技巧，我发现这比奖惩和惩罚更有效。不幸的是，大多数治疗专家都倾向于使用口头表扬："坐得好！""站得好！""听得认

真！""唱得好！""说得好！""好帮手！"——偶尔还会说一句"好孩子！"（对此我通常会回应"汪，汪"。）我希望有一天，他会对所有这些赞美做出回应："赞美得好！"

这位母亲解释了她为什么对女儿采用温和的养育方式，并很好地解释了为什么同理心如此重要：

> 我的女儿有一些疾病，这让她感到疼痛、疲劳，而且服用药物后会让她感到不适和恶心。再加上一个 4 岁孩子的正常行为，这可能很让人崩溃。温和的养育方式是我们能帮助她控制自己的感觉和情绪的唯一方法，而不会让她太害怕而不敢表现出来。

这位母亲解释了她对儿子的养育选择，特别是为什么她觉得儿子有权对自己的管教进行一定的控制：

> 我有一个自闭症的儿子，温和的养育方式是唯一可行的方法。为了让它发挥作用，他必须理解我的决定，以及这些决定对他有什么好处。因此，让他参与到自己的养育过程中，就像给他插上了一双展翅高飞的翅膀。

单亲父母能成为温和的父母吗？

温和的养育方式并非只适合于双亲家庭。七个 C 中没有任何内容表明必须是双亲家庭才可以实施。以同情心、尊重和同理心抚养孩子只需要一个人，从一个家长那里得到的一致的方法要比从两个家长那里得到的冲突的方法好得多。这里给出的一致信息对孩子来说确实是积极的。我并不认为孩子需要从母亲和父亲那里得到不同的东西。母亲完全有能力与孩子一起打闹、进行体育活动和相关的聊天，父亲也完全可以给孩子提供情感上的联系、交谈和拥抱，而刻板的育儿观念则是对所有人的贬损。这只是一个家长对孩子的需求做出反应的问题。

当然，这种反应确实需要大量的自我照顾，以及一个坚实的支持网络。一定要为自己安排一些"自我时间"。你可以定期在晚上和朋友一起出去玩，每个月做一两次你喜欢的活动，或者周末的时候偶尔让孩子和朋友或家人待在一起，这样你就可以有时间来充实自己。所有的父母都需要注意自我照顾，当你是孩子的唯一照顾者时，这一点就显得加倍重要。

如果你是单亲父母，不管你的性别是什么，重要的是要看你和孩子相处的方式，并试着找出其他人可能帮上忙的地方，以使你的孩子受益。例如，如果你觉得很难和孩子一起玩"粗暴"的游戏，或者和孩子"粗暴"地相处，你可以找一个能更自然地做到这一点的朋友或家人帮忙，而不是强迫自己成为那种人。如果你不是一个热爱大自然的人，一想到玩泥巴、跳水坑和爬树就会害怕，那么在孩子需要的时候请你的朋友或亲戚来帮忙，这无疑是一个好主意。记住，任何父母都不可能满足孩子的所有需求。这并不是你的问题——你只是个普通人——所以，如果你需要"外包"一些孩子的事情，不要自责。

当父母离婚或分居时

在这件事情发生后的很长一段时间里，分离对孩子来说都可能是很难令其相信的一件事情。然而，生活在一个有敌对父母的家庭里，对他们来说可能更困难。也许父母所做的最糟糕的决定就是在关系已经彻底破裂时为了孩子而继续待在一起。对于那些还没有走到这一阶段的人来说，婚姻咨询可以起到很大的作用（它对帮助你们走出分离的阴影也非常有用）。如果你们的关系已经无法挽救，那么对你们的孩子来说，让两个快乐的父母分开生活比让两个痛苦的父母生活在一起要好得多。

怎样告诉孩子你要分居了？

理想情况下，这个消息应该由父母双方一起传达，但如果这段关系已经破裂，以至于父母之间无法再友好相处，那么最好由其中一方告诉孩子这个消息。

试着告诉孩子你们计划分居的事情，尽量选择在周五下午放学后或周六休息的时候，千万不要拖到分居前一天才说。尽量使用简单的语言，对你的伴侣保持中立，不管你对他（她）的感觉如何。让你的孩子放心，虽然你们不再生活在一起，但这不是任何人的错，尤其不是他们的错，并让他们相信，你们都还会像以前一样爱他们。

接下来，准备好回答他们的任何问题，有些问题可能会很尴尬，有些你可能不想回答，但你应该准备好回答他们可能会问你的任何问题。告诉他们，你随时欢迎他们问你问题，并建议他们如果有一些问题现在不想问，可以把它们写在一个特别的本子上或者写在一张纸上，然后把它们放进一个"烦恼箱"（一个有洞的旧鞋盒）里，你会把"烦恼箱"放在一个特别的地方并定期检查。

有很多可以帮助孩子应对父母分离的好书和资源，最好能准备一本给孩子，供他们参考。但最重要的是，不管你的孩子有什么反应，你都要接受，并准备好在他们需要时给予安慰。这时候如果孩子出现睡眠和饮食等行为倒退的问题是很正常的，所以要提前做好准备。如果你的孩子在学校或托儿所，那么一定要把你家庭情况的变化告诉那里的工作人员，以便他们可以帮助你的孩子。

继续前行

如果父母中任何一方有了新的伴侣，最好等一段时间再将他（她）介绍给孩子。重要的是，不要让你的孩子把新伴侣看作是导致他们家庭破裂的原因，如果他们太早见面的话，这种情况就会发生。在分离和介绍新伴侣之间最好有 6 个月的间隔。即使如此，也要以孩子的节奏让他们融入孩子的生活。认真观察孩子的反应，根据他们的需要慢慢来，不管你多么希望事情的进展能够快一些，尤其是当你把孩子介绍给新伴侣的孩子时，更是如此。

在孩子面前，尽量对你前任的新伴侣保持中立。如果你对他（她）持否定态度，孩子为了取悦你往往也会对他（她）做出消极的反应，这最终对任何人都没有好处。前任的新伴侣可能还要陪伴你的孩子很长一段时间，不管你的感觉如何，让他们彼此建立良好的关系会更好。

许多父母离异的孩子会从专业咨询中获益良多，即使他们没有表现出任何特别的痛苦迹象。和一个公正的人交谈，而不用担心他们是否会让孩子悲伤或愤怒，可以帮助孩子更快地处理自己的情绪，这对向前迈进至关重要。然而，从专业指导中受益的不仅仅是孩子，父母也常常认为中立和倾听是无价的。

从温和养育的角度来看，最重要的是要记住，所有的决定都是出于对孩子和自己的尊重。通常，这意味着父母可能需要重新设定他们对监护权和探视权的期望。比如，一对刚离婚的夫妇，他们有一个母乳喂养的婴儿或幼儿。在这种情况下，让孩子与哺乳期的母亲分开是不合适的，也没有考虑到孩子的需求。强制将孩子从熟悉的人身边带走并不符合孩子的最佳利益。以后你还有很多时间和他们在一起，但现在还不是时候。所以，对于年幼的孩子来说，母亲应该享有主要监护权，父亲可以选择在白天陪伴他们，直到孩子长大、有能力离开他们的主要依恋对象。这可能不是你想做的选择，但现在做出对孩子最有利的选择无疑是前进的方向，而且最终对他们和父母双方未来的关系来说都是最好的选择。

分居父母之间的沟通是至关重要的。尽管你可能觉得之前的伴侣不值得你尊重，但你仍然需要表达尊重，尤其是在你的孩子面前，记住孩子是从我们的行动而不是语言中学习的。虽然你可能会对之前的伴侣生气，但一定不要让你的孩子意识到这一点并因此对他们的关系感到不安。即使分居进展得相对顺利，在分居期间和分居后进行家庭咨询，也是一个非常好的主意，以防止沟通破裂和对孩子产生负面的影响。

最后，再强调一次自我关照的重要性。至关重要的是，你要有一个容器来容纳你在分居期间和之后的强烈情绪，这样你才能让自己平静地出现在孩子面前。确保你有足够的空间去思考和探索你的情绪，并花时间来滋养你的身体。即使没有孩子，分手也是很艰难的；有了孩子，更会让人筋疲力尽。而且，如果不加以控制，这种疲惫会很容易反映在你的养育过程中，而此时你的孩子已经非常脆弱，需要你的同情。

结　语

我以人类学家玛格丽特·米德的下面这句话作为本书的开头：

> 永远不要怀疑，一小群有思想、用心执着的人可以改变世界。事实也一直如此。

这是我最喜欢的一句话，因为它会激励我想要变得更好、做得更好，让我知道自己可以有所作为。它也启发了我，让我对此坚信不疑。纵观历史，重大的变化几乎总是由一小群意志坚定的人带来的，有时是好事，有时不是。

永远不要认为你的努力不会带来改变。它们可以而且会产生影响——不仅对你的孩子，而且对你孩子的孩子和他们的孩子，以及他们接触到的每一个人。当你这样想的时候，你就会看到同情心是如何迅速增长的，一个家庭的努力是如何改变成千上万人的生活的。我们现在所生活的世界正在呼唤社会变革。想象一下，在这个世界上，大多数孩子都能以更温和的方式接受父母的养育。就在此时此刻，我们有机会实现这一点。未来取决于我们的孩子，更取决于我们如何养育他们。

总体来说，你如何养育你的孩子也将决定你自己的未来。还记得那个老笑话吗？有一天，当你老了，你的孩子会选择将你送到养老院吗？如果你现在以同情心对待你的孩子，他们很可能会在未来的日子里同等地回报你。当然，一个被温和养育的孩子，长大后更有可能变得善良、体贴、与你更亲近。事实上，你今天播下的种子将在你孩子的青少年时期取得收获。

现在，祝你旅途好运，无论是短途的海岛旅行还是到远方的长途旅行，时刻牢记七个 C。无论任何时候，当你怀疑自己的努力是否有效时，请记住对你来说最重要的是什么：你的家人——而不是别人的意见或批评。不要让他们的认知失调侵蚀你的信心。善待自己，尤其是当你觉得自己不配的时候，因为那肯定是你最需要自我同情的时候。建立一个网络来支持和帮助你，这样你才能更好地拥抱你的孩子。

最后，请记住，最好的父母并不完美，他们是"足够好"的，我想，如果你一开始就选择了阅读这本书，你已经超过了"足够好"。

祝您一路顺风！

参考文献

1. Winnicott, D., *Getting to Know Your Baby*, Heinemann (1945).

2. Bowlby, J., *Maternal Care & Mental Health*, Jason Aronson (1950).

3. Baumrind, D., 'Effects of authoritative parental control on child behavior', *Child Development*, 37(4) (1966), pp. 887–907;Baumrind, D., 'Child care practices anteceding three patterns of preschool behavior', *Genetic Psychology Monographs*, 75(1) (1967),pp. 43–88.

4. Mittendorf, R., Williams, M. A., Berkey, C. S. and Cotter, P. F.,'The length of uncomplicated human gestation', *Obstetrics and Gynecology*, 75(5) (1990), pp.929–32.

5. Birthplace in England Collaborative Group, 'Perinatal and maternal outcomes by planned place of birth for healthy women with low-risk pregnancies: the Birthplace in England national prospective cohort study', *BMJ*, 343 (2011).

6. Hodnett, E. D., Gates, S., Hofmeyr, G. J. and Sakala, C.,'Continuous support for women during childbirth', *Cochrane Database of Systematic Reviews*, issue 3 (2007).

7. Keenan, P., 'Benefits of massage therapy and use of a doula during labor and childbirth', *Alternative Therapies in Health & Medicine*, 6(1) (2000), pp.66–74; McGrath, S. K. and Kennel, J. H.,'A randomized controlled trial of continuous labor support for middle-class couples: effect on cesarean delivery rates', *Birth*, 35(2) (2008), pp. 92–7; Campbell, D. A., Lake, M. F., Falk, M. and Backstrand, J. R., 'A randomized control trial of continuous support in labor by a lay doula', *Journal of Obstetric, Gynecologic & Neonatal Nursing*, 35 (2006), pp. 456–64; Campbell, D., Scott, K.D., Klaus, M. H. and Falk, M., 'Female relatives or friends trained as labor doulas: outcomes at 6 to 8 weeks postpartum', *Birth*, volume 34(3) (2007), pp. 220–7.

8. Newton, N., 'The Fetus Ejection Reflex Revisited', *Birth*, article first published online 31 March 2007.

9. Jordan, S., Emery, S., Watkins, A., Evans, J. D., Storey, M. and Morgan, G., 'Associations of drugs routinely given in labour with breastfeeding at 48 hours: analysis of the Cardiff Births Survey', *BJOG* 116(12) (2009), pp.1622–9

10. Rabe, H., Diaz-Rossello, J. L., Duley, L. and Dowswell, T., 'Effect of timing of umbilical cord clamping of term infants on mother and baby outcomes', Cochrane Database of Systematic Reviews (2012).

11. Boulvain, M., Marcoux, S., Bureau, M., Fortier, M. and Fraser, W.,'Risks of induction

of labour in uncomplicated term pregnancies', *Paediatric Perinatal Epidemiology*, 15(2) (2001),pp.131–8; Dunne, C., Da Silva, O., Schmidt, G., Natale R.,'Outcomes of elective labour induction and elective Caesarean section in low-risk pregnancies between 37 and 41 weeks' gestation', *Journal of Obstetrics and Gynaecology Canada*, 31(12)(2009), pp. 1124–30.

12. Stuebe, A., 'The risks of not breastfeeding for mothers and infants', *Reviews in Obstetrics and Gynecology*, 2(4) (2009),pp. 222–31.

13. Boyd, C. A., Quigley, M. A. and Brocklehurst, P., 'Donor breast milk versus infant formula for preterm infants: systematic review and meta-analysis', *Archives of Disease in Childhood*, 92 (2007), pp. 169–75; Williams, A. F., Kingdon, C. C. and Weaver, G.,'Banking for the future: investing in human milk', *Archives of Disease in Childhood*, 92 (2007), pp.158–9; Arnold, L. D. W., 'Global health policies that support the use of banked donor human milk: a human rights issue', *International Breastfeeding Journal* 1:26 (2006), pp.1–26.

14. Blyton, D. M., Sullivan, C. E. and Edwards, N. 'Lactation is associated with an increase in slow-wave sleep in women', *Journal of Sleep Research*, 11(4) (2002), pp. 297–303; Doan, T.,Gardiner, A., Gay, C. L. and Lee, K. A., 'Breastfeeding increases sleep duration of new parents', *Journal of Perinatal & Neonatal Nursing*, 21(3) (2007), pp. 200–6; Dorheim, S. K., Bondevik, G. T., Eberhard-Gran, M. and Bjorvatn, B., 'Sleep and depression in postpartum women: A population-based study', *Sleep*, 32(7) (2009), pp. 847–55; Gay, C. L., Lee, K. A. and Lee, S.-Y., 'Sleep patterns and fatigue in new mothers and fathers', *Biological Nursing Research*, 5(4) (2004), pp. 311–18.

15. Okami, P. and Weisner T., Olmstead, R., 'Outcome correlates of parent-child bedsharing: an eighteen-year longitudinal study', *Journal of Developmental Behavioural Pediatrcs*, 23(4) (2002), pp. 244–53.

16. Hunziker, U. A. and Barr, R. G., 'Increased carrying reduces infant crying: a randomized controlled trial', *Pediatrics*, 77(5) (1986),pp. 641–8.

17. Dwyer T. and Ponsonby, A. L., 'Sudden Infant Death Syndrome and prone sleeping position', *Annual of Epidemiology*, 19(4)(2009), pp. 245–9.

18. Gessner, B. D., Ives, G. C. and Perham-Hester, K. A., 'Association between sudden infant death syndrome and prone sleep position, bed sharing, and sleeping outside an infant crib in Alaska', *Pediatrics*, 108(4) (2001), pp. 923–7.

19. Arnon, S., Diamant, C., Bauer, S., Regev, R., Sirota, G. and Litmanovitz, I., 'Maternal singing during kangaroo care led to autonomic stability in preterm infants and reduced maternal anxiety', *Acta Paediatrica* (2014).

20. Daniels, L. A., Mallan, K. M., Nicholson, J. M., Battistutta, D. and Magarey, A., 'Outcomes of an early feeding practices intervention to prevent childhood obesity', *Pediatrics* 132(1) (2013), pp.109–18; Iacovou, M. and Sevilla, A., 'Infant feeding: the effects of scheduled

vs on-demand feeding on mothers' wellbeing and children's cognitive development', *Eur J Public Health*, 23(1):13 (2013).

21. Vandell, D. L. and Wilson, K. S., 'Infants' interactions with mother, sibling, and peer: contrasts and relations between interaction systems', *Child Development*, 48 (1988), pp. 176–86.

22. Montessori, M., *The Absorbent Mind* (1949).

23. Mampe, B., Friederici, A. D., Christophe, A. and Wermke, K., 'Newborns' cry melody is shaped by their native language', *Current Biology*, 19(23) (2009), pp. 1994–7.

24. Singh, L., Best, C. and James, M., 'Infants' listening preferences:baby talk or happy talk?', *Infancy*, 3 (3) (2003), pp. 365–95;Singh, L., Nestor, S., Parikh, C. and Yull, A., 'Influences of infant-directed speech on early word recognition', *Psychology Press*,14(6) (2009); Schachner, A. and Hannon, E., 'Infant-directed speech drives social preferences in 5-month-old infants',*Developmental Psychology*, 47(1) (2011), pp.19–25; Kaplan, P.,Jung, P., Ryther, J. and Zarlengo-Strouse, P., 'Infant-directed versus adult-directed speech as signals for face', *Developmental Psychology*, 32(5) (1996), pp. 880–91.

25. Goldschmied, E. and Jackson, S., *People Under Three: Young Children in Day Care*, Routledge (2004).

26. Feldens, C. A., Faraco, I. M., Ottoni, A. B. and Vítolo, M. R. J.,'Teething symptoms in the first year of life and associated factors: a cohort study', *Clinical Pediatric Dentistry*, 34(3) (2010), pp. 201–6.

27. Wake, M., Hesketh, K., Lucas, J., 'Teething and tooth eruption in infants: a cohort study', *Pediatrics*, 106(6) (2000), pp. 1374–9.

28. Beasley, R., Clayton, T., Crane, J., von Mutius, E., Lai, C. K., Montefort, S. and Stewart A., 'Association between paracetamol use in infancy and childhood, and risk of asthma, rhinoconjunctivitis,and eczema in children aged 6–7 years: analysis from Phase Three of the ISAAC programme', *Lancet* 372(9643) (2008), pp. 1039–48.

29. Clayton, H., et al., 'Prevalence and reasons for introducing infants early to solid foods: variations by milk feeding type', *Pediatrics*, 131 (2013), pp.1108–14.

30. Nevarez, M. D., Rifas-Shiman, S. L., Kleinman, K. P., Gillman, M. W. and Taveras, E. M., 'Associations of early life risk factors with infant sleep duration', *Acad Pediatrics*, 10(3), (2010), pp.187–93.

31. Sadler, S., 'Sleep: what is normal at six months?', *Professional Care Mother Child*, (6) (1994), pp.166–7.

32. Mandel, D., Lubetzky, R., Dollberg, S., Barak, S. and Mimouni, F.B., 'Fat and energy contents of expressed human breast milk in prolonged lactation', *Pediatrics*, 116(3) (2005), pp. 432–5;Buckley, K. M., 'Long-term breastfeeding: nourishment or nurturance?', *Journal Human Lactation*, 17 (2001), p. 304; Karra,M. V., Udipi, S. A., Kirksey, A. and Roepke, J. L., 'Changes in specific nutrients in breast milk during

extended lactation', *American Journal Clinical Nutrition*, 43 (1986), pp. 495–503;Dewey, K. G., Finley, D. A. and Lonnerdal, B., 'Breast milk volume and composition during late lactation (7–20 months)', *Journal Pediatric Gastroenterology and Nutrition* (5) (1984),pp. 713–20.

33. Rosenblatt, K. A., and Thomas, D. B., 'The WHO collaborative study of neoplasia and steroid contraceptives: lactation and the risk of epithelial ovarian cancer', *International Journal of Epidemiology*, 22 (1993), pp. 192–7; Brock, K. E., et al., 'Sexual, reproductive and contraceptive risk factors for carcinoma-in-situ of the uterine cervix in Sydney,' *Medical Journal of Australia*,150(3) (1989), pp. 125–30; Jernstrom, H., et al., 'Breast-feeding and the risk of breast cancer in BRCA1 and BRCA2 mutation carriers', *Journal National Cancer Institute*, 96(14) (2004),pp. 1094–8; Lee, S. Y., Kim, M. T., Kim, S. W., Song, M. S. and Yoon, S. J., 'Effect of lifetime lactation on breast cancer risk: A Korean women's cohort study', *International Journal of Cancer*,105(3) (2003), pp. 390–3.

34. Wiklund, P. K., et al., 'Lactation is associated with greater maternal bone size and bone strength later in life', *Osteoporos International* (2011); Yazici, S., et al., 'The effect of breast-feeding duration on bone mineral density in postmenopausal Turkish women: a population-based study', *Archive Medical Science*, 7(3)(2011), pp. 486–92; Grimes, J. P. and Wimalawansa, S. J.,'Breastfeeding and postmenopausal osteoporosis', *Current Women's Health Rep.*, 3(3) (2003), pp.193–8.

35. Oddy, W. H., et al., 'The long-term effects of breastfeeding on child and adolescent mental health: a pregnancy cohort study followed for 14 years', *Journal of Pediatrics*, 156(4) (2010),pp. 568–74; Duazo, P., Avila, J., Kuzawa and C. W., 'Breastfeeding and later psychosocial development in the Philippines', *American Journal of Human Biology*, 22(6) (2010), pp. 725–30.

36. Oddy, W. H., et al., 'Breastfeeding duration and academic achievement at 10 years', *Pediatrics*, 127(1) (2011), pp.137–45;Mortensen, E. L., Michaelsen, K. F., Sanders, S. A. and Reinisch, J.M., 'The association between duration of breastfeeding and adult intelligence', *JAMA*, 287 (2002), pp. 2365–71; Richards, M.,Hardy, R. and Wadsworth, M. E., 'Long-term effects of breastfeeding in a national birth cohort: educational attainment and midlife cognitive function', *Public Health Nutrition*, 5(5) (2002),pp. 631–5.

37. Gooze, R. A., Anderson, S. E. and Whitaker, R. C., 'Prolonged bottle use and obesity at 5.5 years of age in US children', *Journal Pediatrics*, volume 159, issue 3 (2011), pp. 431–6..

38. Koranyi, K., Kaye, L., Rasnake, K. J. and Tarnowski, H. J., 'Nursing bottle weaning and prevention of dental caries: a survey of pediatricians', *Pediatric Dentistry*, volume 13, number 1 (1991).

39. Groeneveld, M. G., Vermeer, H. J., van Ijzendoorn, M. H. and Linting, M., 'Stress, cortisol and well-being of caregivers and children in home-based child care: a case for differential susceptibility', *Child Care Health Development*, 38(2) (2012),pp. 251–60.

40. Belsky, J., Vandell, D. L., Burchinal, M., Clarke-Stewart, K. A.,McCartney, K., Owen, M. T. and the NICHD Early Child Care Research Network, 'Are there long-term effects of early child care? ', *Child Development*, 78(2) (2007), pp. 681–701.

41. Vermeer, H. J. and van Ijzendoorn, M. H., 'Children's elevated cortisol levels at daycare: A review and meta-analysis', *Early Childhood Research Quarterly*, 07/2006.

42. Elford, L. and Brown, A., 'Exploring child-feeding style in childcare settings: how might nursery practitioners affect child eating style and weight?', *Eating Behaviour*, 15(2), (2014),pp. 314–17.

43. Stein, A., Malmberg, L. E., Leach, P., Barnes, J., Sylva, K. and FCCC Team, 'The influence of different forms of early childcare on children's emotional and behavioural development at school entry', *Child Care Health Development*, 39(5), (2013), pp. 676–87; Loeb, S., Rumberger, R., Bassok, D., Bridges, M. and Fuller, B., 'The influence of preschool centers on children's development nationwide: how much is too much?', *Economics of Education Review*, 26 (2007), pp. 52–66.

44. Sun Y. and Sundell, J., 'Early daycare attendance increase the risk for respiratory infections and asthma of children', *Journal of Asthma*, 48(8) (2011), pp. 790–6.

45. Sadler, S., 'Sleep, what is normal at 6 months?', *Professional Care of Mother and Child*, 4 (6) (1994), pp. 166–7.

46. Baron-Cohen, S.,Leslie, A.M. and Frith, U., 'Does the autistic child have a "theory of mind"?', *Cognition*, 21(1) (1985), pp. 37–46.

47. Yirmiya, N., Solomonica-Levi, D., Shulman, C. and Pilowsky, T.,'Theory of mind abilities in individuals with autism, Down syndrome, and mental retardation of unknown etiology: the role of age and intelligence', *Journal Child Psychology Psychiatry*, 37(8) (1996), pp. 1003–14.

48. Rosenblum, K. L., McDonough, S. C., Sameroff, A. J. and Muzik,M., 'Reflection in thought and action: Maternal parenting reflectivity predicts mind-minded comments and interactive behavior', *Infant Mental Health Journal*, 29 (2008), pp. 362–76.

49. Warneken, F. and Tomasello, M., 'Extrinsic rewards undermine altruistic tendencies in 20-month-olds', *Developmental Psychology*,44(6) (2008), pp. 1785–8.

50. Fabes, R. A., Fultz, J., Eisenberg, N. and May-Plumlee, T., 'Effects of rewards on children's prosocial motivation: a socialization study', *Developmental Psychology*, 25(4) (1989), pp. 509–15.

51. Henderlong, J. and Lepper, M. R., 'The effects of praise on children's intrinsic motivation: a review and synthesis', *Psychological Bulletin*, 128(5) (2002) pp.774–95.

52. Schubert, E. and Strick, R., 'Toy-free Kindergarten: A Project to Prevent Addiction for Children and with Children' (1990).

53. Kasey, S., Buckles, L. and Munnich, E., 'Birth spacing and sibling outcomes', *Journal Human Resources* (2012), pp. 613–42.

54. Werner, E. E., 'The children of Kauai: resiliency and recovery in adolescence and adulthood', *Journal Adolescent Health*, 13(4)(1992), pp. 262–8.

55. Ball, S., Pereira, G., Jacoby, P., de Klerk, N. and Stanley, F., 'Reevaluation of link between interpregnancy interval and adverse birth outcomes: retrospective cohort study matching two intervals per mother', *BMJ*, 349 (2014).

56. McDonough, P., 'TV viewing among kids at an eight-year high', *Nielsenwire*, 26 October 2009. Available at:http://blog.nielsen.com/nielsenwire/media_entertainment/tv-viewing-among-kids-at-an-eight-year-high/.

57. Bickham, D. S. and Rich, M., 'Is television viewing associated with social isolation? Roles of exposure time, viewing context, and violent content', *Archives Pediatric Adolescent Medicine*, 160(4) (2006), pp. 387–92.

58. Vandewater, E. A., Bickham, D. S. and Lee, J. H., 'Time well spent? Relating television use to children's free-time activities', *Pediatrics*, 117(2) (2006), pp. 181–91.

59. Manganello, J. A. and Taylor, C. A., 'Television exposure as a risk factor for aggressive behavior among 3-year-old children', *Archives Pediatric Adolescent Medicine*, 163(11) (2009), pp. 1037–45;Huesmann, L. R., Moise-Titus, J., Podolski, C. L. and Eron, L. D.,'Longitudinal relations between children's exposure to TV violence and their aggressive and violent behavior in young adulthood', *Developmental Psychology*, 39(2) (2003), pp. 201–21;Hancox, R. J., Milne, B. J. and Poulton, R., 'Association of television viewing during childhood with poor educational achievement', *Archives Pediatric Adolescent Medicine*, 159(7) (2005),pp. 614–18; Viner, R. M. and Cole, T. J., 'Television viewing in early childhood predicts adult body mass index', *Journal Pediatrics*,147(4) (2005), pp. 429–35.

60. Thompson, D. A., Christakis, D. A., 'The association between television viewing and irregular sleep schedules among children less than 3 years of age', *Pediatrics*, 116(4), (2005), pp.851–6;Johnson, J. G., Cohen, P., Kasen, S., First, M. B., Brook, J. S.,'Association between television viewing and sleep problems during adolescence and early adulthood', *Archives Pediatric Adolescent Medicine*, 158(6), (2004), pp.562–8.

61. Birch, L., 'Development of food acceptance patterns in the first years of life', *Proceedings of the Nutrition Society*, 57(4), (1998),pp. 617–24.

62. Montgomery, P., et al., 'Fatty acids and sleep in UK children: Subjective and pilot objective sleep results from the DOLABstudy – a randomised controlled trial', *Journal of Sleep Research*(2014).

63. Miller, AL., Kaciroti, N., Lebourgeois, MK., Chen, YP., Sturza, J.,Lumeng, J. C., 'Dissonance between parent-selected bedtimes and young children's circadian physiology influences nighttime settling difficulties', *Academy Pediatrics*, 14(2) (2014)pp. 207–13.

64. Forest, M. G., Sizonenko, P. C., Cathiard, A. M. and Bertrand, J.,'Hypophyso-gonadal function in humans during the first year of life. Evidence for testicular activity in early

infancy', *Journal Clinical Investigation*, 53(3) (1974), pp. 819–28.

65. Holland, P., 'Take the toys from the boys? An examination of the genesis of policy and the appropriateness of adult perspectives in the area of war, weapon and superhero play', *Citizenship, Social and Economics Education*, 4(2) (2000), pp. 92–108.

66. Rosen, L. D., Lim, A. F., Felt, J., Carrier, L. M., Cheever, N. A.,Lara-Ruiz, J. M., Mendoza, J. S., Rokkum, J., 'Media and technology use predicts ill-being among children, preteens and teenagers independent of the negative health impacts of exercise and eating habits', *Computers in Human Behaviour*, 35 (2014),pp. 364–75; Maras, D., Flament, M. F., Murray, M., Buchholz, A., Henderson, K. A., Obeid, N. and Goldfield, G. S., 'Screen time is associated with depression and anxiety in Canadian youth', *Preventative Medicine*, 73 (2015), pp. 133–8; Falbe, J., Davison, K.K., Franckle, R. L., Ganter, C., Gortmaker, S. L., Smith, L., Land T.and Taveras, E. M., 'Sleep duration, restfulness, and screens in the sleep environment', *Pediatrics*, 135(2) (2015), pp. 367–75; Wilson,B. J., 'Media and children's aggression, fear, and altruism', *Future Child*, 18(1) (2008), pp. 87–118.

67. Houghton, S., Hunter, S. C., Rosenberg, M., Wood, L., Zadow, C.,Martin, K. and Shilton, T., 'Virtually impossible: limiting Australian children and adolescents daily screen based media use', *BMC Public Health* (2015), p. 15.

68. Bell, J. F. and Daniels, S., 'Are summer-born children disadvantaged? The birthdate effect in education', *Oxford Review of Education*, 16 (1) (1990), pp. 67–80; Armstrong, H. G., 'A comparison of the performance of summer and autumn-born children at eleven and sixteen', *British Journal of Educational Psychology*, 36(1) (1966), pp. 72–6.

69. Dudley-Marling, C., 'How school troubles come home: the impact of homework on families of struggling learners', *Current Issues in Education*, 6(4) (2003).

70. Michaud, I., Chaput, J. P., O'Loughlin, J., Tremblay, A., Mathieu, M. E., 'Long duration of stressful homework as a potential obesogenic factor in children: A QUALITY study', *Obesity* (2015) [Epub ahead of print].

71. Grossman, J. M., Frye, A., Charmaraman, L. and Erkut, S., 'Family homework and school-based sex education: delaying early adolescents' sexual behavior', *Journal School Health*, 83(11)(2013).

72. Maraboli, Dr S., *Unapologetically You: Reflections on Life and the Human Experience*, Better Today (2013).

73. Odent, M., 'Between circular and cul-de-sac epidemiology', *Lancet*, 355 (9212) (2000), p. 1371.

致　谢

　　这本书献给我在这个世界上的铁杆老友，她们也是我在温和养育有限公司的合作伙伴：凯特和罗琳女士。当我们还是 11 岁的傻呵呵的学生的时候，谁能想到我们会在一起工作，并在相似的领域中带着我们的 10 个孩子共同进步呢？

　　和以往一样，我对所有帮助我完成这本书的父母们充满了感激。他们不仅分享了自己的故事，回答了我无数的问题，还提出了许多宝贵的意见和建议。感谢大家一直以来对"温和养育"及我的工作的大力支持。

　　我还要感谢皮塔库斯和伊芙·怀特文学社的全体工作人员，包括安妮、吉莉恩、伊芙、杰克和凯蒂，感谢他们使这本书成功问世。

　　最后，我要感谢的是我的家人，感谢他们一直激励着我去做自己喜欢的事情。

图书在版编目（CIP）数据

温和养育：陪孩子轻松走过0～7岁 /（英）萨拉·
奥克威尔-史密斯著；冯林译. -- 天津：天津人民出版
社, 2022.8

书名原文：THE GENTLE PARENTING BOOK: How to
Raise Calmer, Happier Children from Birth to Seven

ISBN 978-7-201-18555-2

Ⅰ.①温… Ⅱ.①萨… ②冯… Ⅲ.①家庭教育
Ⅳ.①G78

中国版本图书馆CIP数据核字(2022)第108222号

温和养育：陪孩子轻松走过0～7岁
WENHE YANGYU: PEI HAIZI QINGSONG ZOU GUO 0~7 SUI

[英] 萨拉·奥克威尔-史密斯 著 冯林 译

出　　版	天津人民出版社	出版人	刘　庆
地　　址	天津市和平区西康路35号康岳大厦	邮政编码	300051
邮购电话	（022）23332469	电子信箱	reader@tjrmcbs.com
出版统筹	吴兴元	选题策划	北京浪花朵朵文化传播有限公司
编辑统筹	彭　鹏	责任编辑	康悦怡
特约编辑	胡晓雪		
营销推广	ONEBOOK	装帧制造	墨白空间·闫献龙
印　　刷	天津中印联印务有限公司	经　销	新华书店经销
开　　本	720毫米×1000毫米　1/16	印　张	16.5
字　　数	300千字		
版次印次	2022年8月第1版　2022年8月第1次印刷		
定　　价	45.00元		

官方微博：@浪花朵朵童书

读者服务：reader@hinabook.com 188-1142-1266
投稿服务：onebook@hinabook.com 133-6631-2326
直销服务：buy@hinabook.com 133-6657-3072

后浪出版咨询(北京)有限责任公司 版权所有，侵权必究

投诉信箱：copyright@hinabook.com fawu@hinabook.com
未经许可，不得以任何方式复制或抄袭本书部分或全部内容
本书若有印、装质量问题，请与本公司联系调换，电话010-64072833